Towards an Era of Greatness: Strategies and
Pathways from Economics Perspective

强起来的时代：
战略与路径

魏杰 著

人民出版社

策划编辑：郑海燕
责任编辑：郑海燕　吴焰东　李甜甜
封面设计：汪　莹
责任校对：周晓东

图书在版编目（CIP）数据

强起来的时代：战略与路径/魏杰 著. —北京：人民出版社,2018.9
ISBN 978－7－01－019622－0

Ⅰ.①强…　Ⅱ.①魏…　Ⅲ.①中国特色社会主义-社会主义建设模式-研究　Ⅳ.①D616

中国版本图书馆 CIP 数据核字（2018）第 172357 号

强起来的时代：战略与路径
QIANGQILAI DE SHIDAI ZHANLÜE YU LUJING

魏　杰　著

人民出版社 出版发行
（100706　北京市东城区隆福寺街 99 号）

中煤（北京）印务有限公司印刷　新华书店经销

2018 年 9 月第 1 版　2018 年 11 月北京第 3 次印刷
开本：710 毫米×1000 毫米 1/16　印张：18
字数：180 千字

ISBN 978－7－01－019622－0　定价：75.00 元

邮购地址 100706　北京市东城区隆福寺街 99 号
人民东方图书销售中心　电话（010）65250042　65289539

序

　　最近一段时期,我从党的十九大精神与中国改革开放40年这两个角度,对中国经济的诸多新问题进行了思考,有了一些新体会,并在不同场合演讲了这些体会。有些有心人将这些演讲做了记录传给我,我看后感觉这些演讲大多涉及党的十九大以来的新思路、新范畴、新问题,并且都以新时代(即强起来的时代)为中心,体现了我对习近平新时代中国特色社会主义思想的理解,因而起了整理出版之愿。出版理由有:

　　一个是21世纪的马克思主义就是习近平新时代中国特色社会主义思想,学习与贯彻习近平新时代中国特色社会主义思想,是新时代(即强起来的时代)的主要任务,这本书对于我们互相交流思想与学习有意义。

　　另一个是我现在在清华大学、中山大学等十几所大学的MBA、EMBA、后EMBA担任了中国经济前沿问题这门课,这门课现在的主要内容就是讲强起来的时代,而强起来的时代的指导思想就是习近平新时代中国特色社会主义经济思想,

因而这本书正好可以成为这门课的基本教材。

因为是以演讲录为基础而整理而成，所以有些地方有口语化的语气，同时也有重复之处，但这些不足可能又增加了可读性，故请读者谅解。我的一些博士生在整理中付出了很多的劳动，我在每篇的注释都做了说明，以示感谢。

以上为之序。

目　　录

中国改革的历史必然:"五位一体"改革 ······················ 1

 一、新体制大规模建立时期的任务和历史使命 ········ 2

 二、新体制磨合期的任务和特点 ····················· 18

 三、全方位改革时期的任务及特点 ··················· 33

经济改革的新坐标:现代化经济体系 ······················ 41

 一、现代化经济体系的基本特征 ····················· 41

 二、现代化经济体系的构成体系 ····················· 43

 三、现代化经济体系的历史使命 ····················· 48

转型之路:从高速增长转向高质量增长 ···················· 52

 一、高质量增长是高效率增长 ······················· 52

 二、高质量增长是有效供给性增长 ··················· 53

 三、高质量增长是中高端结构增长 ··················· 54

 四、高质量增长是绿色增长 ························· 55

五、高质量增长是可持续增长 ………………………… 56

六、高质量增长是和谐增长 …………………………… 57

宏观经济趋势：风险点与新增长点 ………………… 59

一、现代金融及金融风险防范 ………………………… 60

二、实体经济与新增长点 ……………………………… 78

三、全方位开放 ………………………………………… 90

转变经济增长方式的核心：创新驱动 …………… 94

一、转变经济增长方式的必然性 ……………………… 94

二、创新驱动的具体内涵 ……………………………… 100

三、推动创新驱动型增长的政策建议 ………………… 106

供给侧结构性改革的实质：调整经济结构 ……… 112

一、原有的一些支柱性产业面临着调整的压力 …… 112

二、大力发展新的支柱性产业 ………………………… 116

三、政府要主动承担产业结构调整的成本 ………… 122

四、调整经济结构需要配套的改革 ………………… 134

市场经济改革的新要点：重要的三项改革 ……… 144

一、有效保护产权 ……………………………………… 145

二、实行混合经济体制 ………………………………… 160

三、完善市场与形成有信政府 ………………………… 178

生态文明的关键：企业与环境关系的协调 ·············· 196

　　一、企业与环境的真正关系 ·············· 197

　　二、企业与环境的协调发展需要企业自身的
　　　　努力 ·············· 208

　　三、企业与环境的协调需要治污体制的形成 ······· 215

　　四、企业与环境的协调需要环保产业的发展 ······· 219

　　五、企业与环境的协调发展需要社会和政府的
　　　　推动 ·············· 224

软实力：新时期必须发展的文化经济 ·············· 237

　　一、理论与历史进程 ·············· 237

　　二、文化经济的要素及体制 ·············· 247

全方位开放与全球化：中国开放的新阶段 ·············· 258

　　一、理论与历史 ·············· 258

　　二、双向型的对外开放战略 ·············· 264

　　三、全方位开放与自由化 ·············· 272

　　四、推动我国对外开放扩大升级的政策建议 ······· 278

中国改革的历史必然:"五位一体"改革

　　新时代就是指强起来的时代。强起来的时代的重要目标是建成现代化强国。什么是现代化强国? 现代化强国有着自身的评价指标体系,其中一个重要指标就是综合国力要强。综合国力的基础虽然是经济实力,但综合国力不仅仅指经济实力,还涉及政治、文化、社会、生态等方面的内容。因此,建立现代化强国不能仅仅把经济建设为中心作为改革目标,而是要在经济建设为中心的改革的基础上,及时将改革引向"五位一体"的全方位改革,即从政治、经济、文化、社会、生态等方面全面深入推进改革。可见,"五位一体"的全方位改革是中国改革的历史必然。

　　从我国不同时期改革的重点与特点来看,我国改革实际上要经历三个阶段。第一个阶段是 1978 年到 2002 年,这一阶段属于大规模经济体制改革阶段,几乎涉及传统经济体制的各个方面,例如产权制度改革、市场经济改革、收入分配体制改革、非公有制经济发展等诸多问题。第二个阶段是 2003

年到 2013 年,这十年的特征是新旧体制的磨合,新体制形成后还未完全取得社会共识,新旧利益还有冲突,出现了一些体制性摩擦,甚至还出现了反改革的声音,因而这一阶段非常注重新旧体制的摩擦,注意强调和谐社会、科学发展观,推动包容性增长,加强社会政策的协调。第三个阶段是 2014 年至未来一个时期,即强起来的时代,这个时期的特点是以经济建设为中心的改革转向"五位一体"的全方位改革,从而最终全面建成现代化强国。

一、新体制大规模建立时期的
任务和历史使命

　　新体制大规模建立时期,实际上就是我们不断冲破传统社会主义经济理论、大规模变革传统社会主义经济体制的过程。这个过程可以概括为:以有中国特色的社会主义经济体制,取代传统社会主义经济体制。在分析这个过程中,我们发现一个非常有意思的现象,即我们的改革实际上是不断地将传统社会主义经济理论所批判的理论和体制,引入到中国特色的社会主义经济理论体系中,引入到我国的中国特色的社会主义经济体制中,并用它们改革我们的传统经济体制。例如,传统社会主义经济理论将非公有制经济与社会主义经济对立起来,认为只有公有制才是社会主义的本质要求,尤其是只将公有制作为社会主义经济的本质特征和基础,而我们在改革中则抛弃了这套理论和体制,将非公有制经济引入到社会主义经济之中。又如,传统社会主义经济理论将市场经济与社会主义经济对立起来,认为市场经济就是资本主义经济,只有计划经济才是社会主义经济,因而到处"割市场经济的尾巴",而我们在改革中则抛弃了这套理论和体制,大力发展市场经济,将市场经济作为资源配置的基础性机制,建立起现代化市场经济体制。总之,新体制大规模建立的过程,就是不断冲破传统社会主义经济理论束缚的过程和中国特色社会主义经济理论体系建立的过程,就是传统社会主义经济体制被变革的过程和中国特色社会主义经济体制建立的过程。

在新体制的大规模建立过程中,我们几乎涉及了经济体制的各个方面和各个环节。如果将我国现在的经济体制与1978年以前的经济体制做一个历史比照,就会发现我国经济体制已经发生了翻天覆地的根本性变化,在现在的经济体制中已经很难看到原有的传统经济体制的影子。不过,虽然我国的经济体制改革涉及经济体制的方方面面和各个环节,但在这场变革中,有四个方面的变革起着基础性和框架性作用,正是因为它们的变革,才引起了经济体制的各个方面和各个环节的变革,而且也正是因为这四个方面的变革,才使得新体制的基本框架最终得以确立。这四个方面的变革是现代产权制度改革、现代市场经济体制改革、现代收入分配体制改革、现代宏观经济体制改革。因此,我们对新体制大规模建立时期的分析,最主要的是要对这四个方面的改革进行分析。

1. 现代产权制度改革

现代产权制度改革是我国经济体制改革的一项基础性改革。现代产权制度改革的主要内容包括两个方面：第一，改革原有的公有制经济，包括国有经济和集体所有制经济，但因为中国的集体所有制经济主要在农村，城市中的集体所有制经济是少数，而农村集体经济又是改革开放后最早推行联产承包责任制改革的经济成分，因而对原有公有制经济的改革，后来就主要表现为对国有经济的改革，国有经济改革成了对原有公有制经济进行改革的焦点。第二，大力发展非公有制经济，造就出一种新的经济成分，并通过发展这种新的经济成分而使中国产权制度转变成为混合经济体制。

首先讨论国有经济改革问题。在40年的改革实践中，国有经济改革问题一直是中国学术界争论最多的问题。在一些同志来看，国有经济是社会主义经济的基石，是绝对不能改革的，似乎改革国有经济，就是改变了社会主义经济的性质。但是国有经济严重缺乏活力和亏损巨大的事实，是谁也无法否认的，因而实践对国有经济发起了强有力的变革挑战，最终使得我们不得不改革原有的国有经济。改革过程中曾出现过不少改革的思路和方法，但最后基本上集中在这样的改革思路上：凡是不属于国家经济安全和国民经济命脉的国有经济，都要变革成为非国有经济，实行非国有化；凡是属于国家安全和国民经济命脉的国有经济，我们也不再实行国有独资的方式，而是要发挥混合经济的作用，即走向股份化，充其量是国家控股的问题，而且控股不一定都采取绝对控制方式（即占51%

以上的股份），而是要大量采取相对控股的方式（例如只控股20%—30%）。因此，自党的十五大以后，非国有化和股份化就成了国有经济改革的基本方向，而且取得了巨大成就。但是，在2004年年初，有人以国有经济改革中的某些操作漏洞和权钱交易对改革的损害为切入点，大讲国有经济改革就是"国有资产流失"，提出了所谓的"国有资产流失论"。因这种提法最易引发民怨，故国有经济改革实际上在一段时间内被中断。但是人们很快发现，所谓"国有资产流失论"，实际上并不表明改革改错了，而是权钱交易对改革产生了巨大的损害，这正说明了改革的重要性和迫切性。因而，国有经济改革在停滞了一段时间后又开始重新启动，并且不断获得巨大成功，例如国有银行的股份化等重大改革不断得以推进。但是最近随着一些具有雄厚垄断地位的央企的垄断利润的上升，有人又开始大讲国有经济是可以搞好的，不一定要搞非国有化和股份化的改革，甚至提出央企要在各个产业领域占据前三名的地位，并进而强调国有经济的所谓控制力。由此可见，国有经济改革还需要不断推进，尤其是要不断冲破传统社会主义经济理论的束缚。

在推动国有经济改革的同时，我们大力推动非公有制经济的发展。可以说，大力发展非公有制经济，是我国现代产权制度改革的一项根本性战略举措。正是因为大力发展非公有制经济，才使得我国彻底摆脱了短缺经济的格局，非公有制经济在经济增长、就业、税收、技术创新等方面的巨大贡献，已成为举世瞩目的事实。尤其是非公有制经济引发了我国传统产

权制度的变革,形成了充满活力的混合经济体制。但是,我们
对发展非公有制经济,并不是一种理论上的自觉行为,而是在
实践的推动中才不断地从不自觉走向自觉。大家知道,我们
是在 1978 年的经济困境中才允许非公有制经济存在的,而且
当时并没有对非公有制经济作出应有的评价,而只是将它定
义为"社会主义经济的必要补充",因而非公有制经济一开始
是被限制于小生产和流通之中的。但是非公有制经济具有强
大的生命力,只要你允许它存在,它就会到处发芽、开花和结
果,而不会只限于被人为地限制在狭小范围内。到了 1997 年
党的十五大的时候,它已不再是"必要补充",而是占据了"半
壁江山",因而我们开始承认它是"社会主义市场经济的重要
组成部分",尤其是党的十六大和十七大,我们开始承认它与
公有制经济具有同等的"国民待遇",并强调非公有制经济要
在法律上和竞争上同公有制经济具有平等的地位,即人们所
讲的"两个平等"。由此可见,非公有制经济的发展过程,也
是我们在理论上不断创新的过程。

　　上述以国有经济改革和大力发展非公有制经济为特征的
现代产权制度改革,引发了整个社会主义经济体制的变革和
社会体制的变革。例如,资本这种生产要素不仅同其他生产
要素一起创造了财富,而且也按贡献一起参与了财富的分配,
最终形成了按要素贡献分配收入的分配体制。又如,随着对
产权的认可和保护,我们在人权体系上不仅仅尊重人们作为
自然人所拥有的所有权利,而且也尊重人们作为财富拥有者
所拥有的财产权,从而形成了以尊重人权、尊重财产、尊重契

约为特征的法治社会。再如,在现代产权制度的基础上,我们开始形成混合经济体制,这种混合经济体制不仅使整个国民经济充满活力,而且也为和谐社会的形成创造了良好的体制基础。总之,现代产权制度改革是我国经济体制改革最为重要的基础性改革,是新体制形成的深厚基础和出发点。

2. 现代市场经济体制改革

市场经济问题在党的十一届三中全会后就开始触及到了,但那个时候并不直接提市场经济,而是强调市场机制和市场调节,因为那个时候我们还将市场经济当作资本主义范畴来批判,不允许公开讲我们要搞市场经济。自 1978 年党的十一届三中全会开始至 1992 年邓小平同志南方谈话之前,人们似乎从实践中已经感知到我们必须要搞市场经济,但又因为受传统社会主义经济理论的束缚,不能在全党意识上突破市场经济这个理论禁区,因而曾经在党的决议上有过三个不承认市场经济,但又试图发挥市场机制和市场调节作用的提法:一个是 1978 年提出"以计划经济为主,市场调节为辅";另一个是 1984 年提出"计划经济与市场调节相结合";还有一个是 1987 年提出"国家调节市场,市场引导企业",其中后一个提法因为当时有主张市场经济之嫌,所以在 1989 年"政治风波"后批评市场化改革方向的时候,这个提法又被放弃了,重新回到"计划经济与市场调节相结合"这个提法上。由此可见,市场经济这个理论禁区在当时是不允许触碰的。

因此,在这段时间,当时主张中国要搞市场经济的同志其

理论表现分为两种情况：一种是公开主张搞市场经济，不过，他们的观点一般很难在主流媒体上发表。另一种是变相地主张中国要搞市场经济，他们将市场调节和市场机制当作与市场经济相同的范畴来使用，将计划经济当作与宏观调控相同的范畴来使用，强调市场调节和市场机制的基础性调节作用，把计划经济的作用限定于宏观调控的范畴之中。笔者曾详细地拜读过这些同志的论著及文章，他们所讲的市场调节和市场机制，和我们现在搞的市场经济在内容上并无任何区别，只不过是叫法不同而已；他们所讲的计划经济和现在人们所讲的宏观调控在内容上没有太大的差别，只不过是表达方式上有些差异而已。

直到 1992 年邓小平同志南方谈话之后，我们才正式承认了市场经济，在党的十四大上提出要建立市场经济体制。自1978 年党的十一届三中全会开始至今的 40 年中，我们就市场经济问题实际上主要讨论了四个问题：第一，中国到底要不要搞市场经济？争论的结果是中国必须要搞市场经济。第二，中国应该搞什么样的市场经济？我们曾经提出过现代市场经济、社会主义市场经济、社会主义条件下的市场经济等提法，但最终的正式提法是搞社会主义市场经济，其最基本的属性是现代市场经济。第三，中国如何搞市场经济？对于这个问题，中共中央曾经发布过两个关于发展和完善市场经济的文件，一个是中共十四届三中全会通过的《中共中央关于建立社会主义市场经济体制若干问题的决定》，另一个是中共十六届三中全会《关于完善社会主义市场经济体制若干问题的决定》，这两个决定提出中国搞市场经济必须遵守市场经济原则，建立包括市场体系、市场机制、市场秩序在内的完善的市场制度，并根据市场经济要求而改革经济体制的各个方面，形成完善的市场经济体制，包括形成适应市场经济要求的收入分配体制、农业经济体制、区域经济体制、宏观经济体制等。第四，搞市场经济会出现什么问题？实践中人们认识到，搞市场经济最容易出现的问题是腐败和行政性垄断问题，我们要防止和消除在从计划经济向市场经济转轨的过程中，出现各种权力寻租的问题，要把反腐败和消除行政性垄断作为重要问题来抓。市场经济本身并不会引发腐败和行政性垄断，腐败和行政性垄断恰恰是市场经济的对立物，但在从计划经济向市场经济转轨的过程中，确实某些体制漏洞会引发腐败和行政性垄断，因而要大力反腐败和反行政性垄断。

市场经济改革虽然在我国取得了巨大的成就，那种以姓社姓资的观点来批评市场经济的观点基本上没有了市场，但是仍然有人对市场经济存有偏见和疑虑，例如2004年就有同志公开发表文章说市场经济搞多了，计划经济搞少了。这种观点虽然已经没有了意识形态方面的色彩，不再将市场经济作为资本主义范畴来批判，但却以关注民生的面貌出现。例如，认为市场经济带来了收入差距过大，引发了下岗失业，降低了一些人的生活水平，等等。这种观点是有社会基础和容易引起民怨的。因为现在还有不少人经常把破产和失业同市场经济联系在一起，将收入差距同市场经济联系在一起，似乎市场经济给人们带来的不仅仅有效率、有财富的快速增长，还有痛苦和麻烦。实际上，这种观点是不对的。因为，市场经济作用的结果确实会引发企业破产和个人失业，但这并不是市场经济的错，而是某些企业和个人的经营行为及能力已经不能适应经济发展的需要了，需要"退场"了，市场经济只是作为裁判将他们罚下场而已，因此，错在被"罚下场"的人和企业的自身，而并不在于市场经济本身。市场经济在这里只是作为一个评价和处罚的指标体系而存在，我们不能把破产和失业的账都算在市场经济的头上。尤其是我们应该看到，市场经济在将有些企业和个人罚下场的同时，也强调对被罚者要有各种各样的保障，例如要有各种保险和再保险，因而市场经济本身也是社会稳定器，因为它在使一些人失业和破产的同时，也在千方百计地消除破产和失业所带来的各种社会问题。由此可见，市场经济改革的方向绝不能动摇。

3. 现代收入分配体制改革

收入分配体制是由产权制度和资源配置方式决定的，因而我国经济体制改革中的现代产权制度改革和现代市场经济体制改革，必然引发现代收入分配体制的改革，可以说，现代收入分配体制改革是我国经济体制改革的重要内容。当然，同现代产权制度改革和现代市场经济体制改革一样，现代收入分配体制改革也经历了一个缓慢变革的过程。

在改革开放刚刚开始的几年中，我们对收入分配体制改革的讨论基本上集中在两个方面：一是清理极"左"思潮在收入分配体制上的影响，例如"文化大革命"中"四人帮"鼓吹按劳分配也反映了资产阶级法权,要破除资产阶级法权,连按劳分配原则都要否定,所以在改革开放刚刚开始的时候,人们所讨论的所谓的收入分配体制的改革,实际上还只是强调要恢复和坚持按劳分配的原则。二是批评传统收入分配体制是一种平均主义的"大锅饭"体制,认为形成这种"大锅饭"体制的主要原因,是因为没有真正贯彻按劳分配原则,没有反映人们在劳动上的效率差异,因而改革开放刚刚开始后,人们在讨论收入分配体制改革时,还只是认为收入分配体制改革的关键,在于真正贯彻和完善按劳分配原则。由此可见,在改革开放刚刚开始后的最初几年中,我们实际上还并没有真正进入到现代收入分配体制的改革中,基本上还停留在完善传统收入分配体制的基本原则的问题上,像按要素贡献分配这样的原则,尤其是像按资本贡献分配这样的原则,当时实际上还根本没有触及到,因为那时人们还认为按资分配是资本主义经济原则,只有按劳分配才是社会主义经济原则,因而当时人们认为收入分配体制改革的基本方向,是应该更好地贯彻按劳分配原则,按照每个人的劳动贡献分配财富。

不过,由于我们在改革开放刚刚开始,就推行了农村的家庭联产承包责任制,就承认和允许了非公有制经济在一定范围内的发展,就注重了市场机制在一定程度上作用的发挥,所以现代收入分配体制的某些原则和机制,在当时也就随之开始发挥作用了。例如,市场机制开始发挥按效率分配的作用,按资本贡献分配收入的原则也开始起作用,那些拥有财产的人也开始获得了资本性收入。正是因为现代收入分配体制的某些原则和机制开始起作用，所以就很快打破了原有收入分配上的平均主义格局，使社会上出现了收入分配差距开始拉大的趋向。但是，由于当时现代收入分配体制的某些原则和机制还仅仅是在体制外起作用，而体制内（包括政府与事业单位、国有经济和集体经济、高等院校和科研机构等）当时基本上实行的还是传统的行政性收入分配体制的原则，所以当时的收入差距主要表现为体制内与体制外的收入差距，出现了"搞导弹的不如卖茶叶蛋的"这类所谓的脑体倒挂现象，也出现了"国有收入不如集体收入多，集体收入不如个体收入多"的这类体制差异现象。正是受这种收入差距的吸引，当时出现大量从体制内"跳入"体制外的所谓"下海"现象。

对于上述收入差距拉大现象，学术界在 20 世纪 80 年代后期和 90 年代初产生了一场争论，主要有两种观点：一种观点认为，这种收入差距形成的主要原因是因为经济生活中存在着"双轨"制，有两种不同的收入分配原则在起作用，其一是传统收入分配体制中的行政性收入分配原则，体制内的收入分配主要是这种原则在起作用；其二是新体制的市场化收入分配原则，体制外的收入分配主要是这种原则在起作用，因而解决问题的关键是要实行体制"并轨"，实行统一的新体制的市场化收入分配原则。另一种观点则认为，市场化收入分配原则属于资本主义经济范畴，例如按资本贡献分配收入这类收入分配原则，就是资本主义收入分配制度的主要原则，因而绝不能实行"并轨"性改革，解决问题的重点在于限制甚至取消市场化收入分配原则，真正实行按劳分配的体制。由此可见，对于建立现代收入分配体制的问题，当时人们并没有取得统一的认识。

一直到了邓小平同志南方谈话之后，尤其是党的十四大之后，我们才开始真正进入到现代收入分配体制的改革中，逐渐提出了下述重大改革决策：我们要按照要素的贡献分配收入，既要按劳动贡献分配收入，也要按资本贡献分配收入，实现按劳分配与按资分配的有效结合；我们既要在收入分配中强调效率，同时也要强调公平，实现效率与公平的有效结合；现代收入分配体制体现于整个国民经济运行的全过程，因而它既包括初次分配过程和再分配过程，也包括第三次收入分配过程，是三次分配过程的有效结合。

按照上述原则，我国在党的十四大之后，逐步形成了现代收入分配体制的基本框架：初次收入分配过程表现为市场对企业的分配，企业对各种生产要素的分配，其分配基点是按贡献分配，既包括市场按企业贡献给企业分配，也包括企业按要素贡献给要素分配，因而这里实行的是效率原则，谁的效率高，谁的收入就高，公平在这里表现为按效率分配，越坚持了按效率分配的原则，就越体现了公平精神。但是初次分配的收入还属于不可支配收入，其分配结果还要经过再分配过程的调节，调节的重点是解决收入差距过大的问题，调节的机制包括累进的所得税制度、转移支付制度和社会保障制度，前者是将过高收入调节下来，并通过转移支付制度使低收入者的收入能达到应有的水平，且使低收入者享有各种应有的社会保障，因而再分配过程贯彻了公平原则，即防止收入差距过大的原则，因为收入差距过大，会使人们有不公平感，但是这里讲的公平与初次分配过程中的公平有所不同；不过，再分配过程完成之后，并没有标志收入分配过程的终结，再分配过程还要经历第三次收入分配过程的调节，也就是有些高收入者还会根据自身的价值取向，以道义性的慈善事业方式，向社会进行各种捐赠，这种道义性的收入分配过程，虽然没有强制性，但随着社会经济的发展，也会成为收入分配过程的重要环节，它有效地促进了和谐社会的形成和国民经济的可持续发展。

由上述分析可见，现代收入分配体制充分体现了效率原则与公平原则的有效结合，是国民经济高效快速发展和建立和谐社会的基础，对经济发展和社会进步都具有必不可少的重大作用，因而我们应该坚定不移地发展和完善它。但是，近期有人以收入差距过大问题为由，开始指责甚至试图否认现代收入分配体制，认为这套体制虽然带来了效率，但也损害了公平，硬是把损害了公平的帽子戴在了效率的头上。这是不对的。引发我国收入差距过大的重要因素是权钱交易性腐败和各种行政性垄断，因而我们现在的问题不是要否定现代收入分配体制，而是要深化改革，消除腐败和各种行政性垄断。当然，收入差距过大确实也与现代收入分配体制有某种关联，例如在按要素贡献分配收入的条件下，那些资本拥有量太少甚至没有资本的人，其资本性收入就会显得太少甚至没有资本性收入，所以他们的收入就低，与拥有大量资本收入的人相比，就会显得收入差距过大，但是我们并不能因此而否定按要素贡献分配的原则，因为这并不是由于实行按要素贡献分配的原则而引发的,而是由于有些人的资本数量太少甚至没有资本而引发的,所以我们的选择只能是深化改革,有效增加人们的财产,使人们都能拥有应有量的财产,提高财产性收入在自身收入中的比例,从而缩小收入差距。总之,我们必须要坚持现代收入分配体制的改革方向。

4. 现代宏观经济体制改革

现代宏观经济体制改革,是我国经济体制改革的四项基础性改革之一。宏观经济体制改革的重点,在于重新塑造政府与企业的相互关系,减少政府对企业的行政干预,充分放活企业,让企业成为市场主体,而不再是被政府直接进行行政干预的"生产车间"。因为,在现代产权制度和市场经济体制下,企业作为独立的法人主体,有权根据自身的利益要求和价值取向,在市场经济中选择自身的经营方向和经营规模,接受市场经济的调节,实现自身利益和社会利益的最佳组合。由此可见,在现代产权制度和市场经济体制下,国家宏观调控既不可能再直接控制企业,也不可能再直接控制市场价格机制,而只能调控宏观经济变量,通过宏观经济变量的变化而影响市场价格机制,并通过市场价格机制再影响企业,从而使得国民经济高效而有序地运行。

在现代宏观经济体制下,国家调控宏观经济的重点在于调控首要的宏观经济变量,即总供给与总需求相互关系,既要防止出现总需求膨胀,也要防止出现总需求不足,最终要实现总量平衡。因为影响总供给与总需求相互关系的因素,主要

有货币因素、财政因素、国际收支因素三个，与此相对应，国家调控总供给与总需求相互关系的举措主要有三大宏观经济政策：调控货币因素的货币政策、调控财政因素的财政政策、调控国际收支因素的国际政策（包括国际贸易政策和外资外汇政策）。这三大宏观经济政策是相互联动和相互影响的。例如，从1998年起，我们为了调控当时的总需求不足，在国际政策上实行了旨在扩大出口的出口退税政策，在外资政策上实行了旨在吸引外资的对外资更加优惠的外资优惠政策，从而通过扩大出口而缓解了总需求不足的压力，并且最后解决了总需求不足问题，但是这种政策调整也使中国经济产生了过度依据出口的倾向，形成了以出口、投资、消费为序的拉动经济的增长模式，结果导致国际收支严重失衡，国际收支失衡又引发了货币发行上的"外汇占款"过大，最终引发了流动性过剩，总需求过速上涨，严重供不应求，价格全面上涨，也就是形成了需求拉动型价格上涨，因而我们现在必须要调整国际政策，减少顺差和外资的过度流入，解决国际收支失衡问题，从而减少"外汇占款"过大的压力，解决流动性过剩问题，并进而稳定价格体系。由此可见，现代宏观经济体制需要三大宏观经济政策的有效配合。

现代宏观经济体制的建立，需要全面改革政府管理经济的体制和财政金融体制。改革政府管理经济的体制的重点，在于使政府彻底地退出资源的配置活动，资源配置的基础性机制是市场而不是政府，从而使政府从生产经营性主体转变为社会经济活动的公共管理者，重点在于服务，成为服务性政府。金融体制改革的重点,在于实行货币政策制定主体、金融企业、金融监管这三者彻底分开的三分开金融体制,强化央行在货币政策上的独立性,并使包括银行及券商在内的所有商业性金融机构彻底企业化,建立现代企业制度,而金融监管机构的职责在于对金融性企业的经营活动实行有效的监管。财政体制改革的重点,在于从经营性财政,转向公共性财政,财政的重点不在于创办和扶持国有企业,而在于对公共产品的投资和维系。正是基于这样的认识,我们在改革开放过程中不断推动了政府体制、金融体制、财政体制的改革,初步形成了现代宏观经济体制的基本框架。

在现代宏观经济体制下,国家对总供给与总需求相互关系的调控,虽然也涉及对总供给的调控,但最主要的还是通过对总需求的调控而调整总需求与总供给的相互关系,因而有时人们将这种调控称为需求管理。但是自2003年以来,这种需求管理似乎还不足以保证总供给与总需求相互关系的协调,尤其是有时需求管理似乎还难以有效实现对国民经济的快速调控,因而有人据此认为,仅有这种需求管理是不够的,我们还应该注重供给管理。这些同志敏锐地发现问题是对的,但是出现问题并不是因为仅有需求管理不行,而是因为我国的经济体制改革还没有全部完成,体制上仍然存在不完善的地方,正是这种体制的不完善才使得需求管理难以到位,达不到应有的调控效果。例如,我国近几年导致需求管理效果不佳的重要原因是土地问题,土地出售所带来的好处的享受者是各级地方政府。各级地方政府为了自身的发展利益,往

往以便宜的价格从农民手中拿走土地，并以高价转让给开发商，从而获得了巨大的收益，这种巨大的收益推动了投资需求不断地超常上涨，从而使得需求管理难以奏效，但这里的问题并不是需求管理不行，而是体制的严重扭曲导致了问题的发生。又如，我国目前的收入分配体制导致了居民收入在国民收入分配中的比例太低，在初次分配中的比例太低，尤其是居民收入中的财产性收入比例太低，使得居民消费需求不足，这种居民消费需求不足又导致大量企业将出口作为重要的市场战略，从而使得出口顺差太大，人民币发行的"外汇占款"太大，流动性过剩，价格全面上涨，但这并不是需求管理的效力不够，而是由体制的不完善导致的。因此，我们在宏观经济体制上要调整的并不是要加强供给管理的问题，而是要深化改革。优化供给是市场经济的功能，只要体制完善，市场经济是能发挥好此功能的。如果不深化改革而只强调加强供给管理，势必会影响到市场经济主体的权益，从而会有损于市场经济。供给学派强调优化供给，但它认为优化供给是市场经济的功能，而不是政府的功能，因而供给学派属于制度学派，即强调制度的创新和技术的创新，而不是强调政府的"英明"。总之，我们应该坚持现代宏观经济体制的改革方向，不能动摇。

二、新体制磨合期的任务和特点

从上述分析可以看出，新体制大规模建立时期的体制，是以强调效率、强调竞争为特点的,因而新体制必然会使失业、破产、收入差距拉大等现象产生,这些现象不是新体制带来的,而是因为某些企业及个人适应不了竞争需要而形成的,但是社会必须要解决这些问题,要形成解决这些问题的体制,这个过程,就是我们讲的新体制磨合期。新体制磨合期不是要改变和放弃新体制的某些内容,而是要巩固和完善新体制。巩固和完善新体制,与新体制框架的大规模建立,虽然在基本思路和做法上没有什么根本性区别,但确实也存在着一些差异,例如和谐社会、科学发展、社会公平、民生问题等问题,都会成为新体制磨合期的热点问题,不像新体制框架大规模建立时期那样,讨论最多的是产权制度、股份制、市场经济体制等问题,这就需要我们认真分析和研究新体制磨合期的新的热点问题,从而使得新体制能在磨合期得以巩固和完善。

1. 构建和谐社会

如上所述,新体制有两个重要组成部分:一个是财产制度上的多种经济成分并存,另一个是经济运行上实行市场经济体制。这两个重要组成部分的显著特征是承认差别并强调差别,因而新体制的推进必然会形成以财产拥有量而区分的不同的社会群体。这些不同的社会群体虽然在根本利益上是一致的,但它们之间也会有摩擦甚至出现矛盾。如何面对这些不同社会群体之间的摩擦和矛盾? 一种方式是否认多种经济成分并存的财产制度和市场经济体制,也就是否认改革和新体制,回到没有任何群体差异的传统体制;另一种方式是承认

多种经济成分并存的财产制度和市场经济体制,也就是承认改革和新体制,并在此基础上通过社会和谐使新体制有效运转,实现不同社会群体的和谐。很显然,第一种方式是"死胡同",它不会有任何民众基础,因为无论是现在的高收入者,还是低收入者,都不想再过那种传统体制下的穷日子和苦日子。因此,我们只有选择第二种方式,也就是通过推动社会和谐而巩固多种经济成分并存的财产制度和市场经济体制。

社会和谐的前提是承认多种经济成分并存的财产制度和市场经济体制,承认这两种体制下形成的不同社会群体,因为只有它们的存在,我们才需要强调社会和谐,通过社会和谐实现它们之间的协调发展,如果没有它们,或者不承认它们的存在,就无所谓社会和谐问题,而是讲社会同一了,再强调社会和谐就失去了应有的基础和意义。因此,我们强调社会和谐,并不是要否认多种经济成分并存的财产制度和市场经济体制,而是要为它们的有效运行创造良好的社会基础。由此可见,那种认为强调社会和谐就是要改变多种经济成分并存的财产制度和市场经济体制的思潮是不对的。这种思潮是以民众利益为幌子的新"左派"思潮,它实际上是利用民众对新体制的某些不完善之处的不满情绪,而试图否认新体制,思潮值得人们警惕。

正是因为社会和谐并不是否认多种经济成分并存的财产制度和市场经济体制,而是要有效协调它们在运行中形成的各社会群体之间的相互关系,从而为新体制运行创造良好的社会基础和环境,因而社会和谐的真正含义在于:

第一，承认和保护各个社会群体的应有经济利益，任何人和机构都不能任意剥夺和危及任何个人及群体的财富，要通过《物权法》等法律制度平等地保护各种类型的财产，对不同社会群体的经济利益一视同仁，没有财产上的任何歧视。因此，"打富济贫"并不是社会和谐的要求，它恰恰有悖于社会和谐的基本原则。"保富消贫"才是社会和谐的目的。所谓保富消贫，就是指要承认富有群体的经济利益，但同时要消灭贫穷，在承认富有群体的经济利益增长的同时，也要更加注重贫穷者的经济利益的有效增长，把贫穷者的经济利益的增长，作为社会发展的重要任务，从而不断推动贫穷者的利益上升，实现有利益差异的全社会不同群体的经济利益共同增长。因此，承认不同社会群体的应有经济利益，并保证他们在经济利益的差异下实现利益的共同增长，是社会和谐的内在含义。

第二，实现不同社会群体的利益共同增长的经济机制，就是累进的所得税制度、收入保障制度和转移支付制度的内在统一，这套制度可以通过转移支付使高收入者的一部分收入转变为低收入者的收入，从而实现人们在经济利益上的有差异性的和谐。高收入者的一些收入通过累进所得税转向低收入者，表明高收入者是最有效率的人，同时也是最有社会公德的人，因为他们将自己的一些收入贡献给了社会，促进了公平，因而这种体制虽然使高收入者的收入转向了社会，但它却肯定了高收入者的社会贡献，即他们既有效率，又能兼顾公平，是应该受人尊敬的社会群体。这里需要强调的是，我们应该大力表彰那些高纳税者，因为他们是实践社会公德的重要

群体。

第三,维系不同社会群体的经济利益和谐的关键,是要尊重人权和财产权。在人权和财产权面前,人人平等,没有任何社会群体的差异。因此,任何个人及社会群体,不能以任何原因而危及别的社会群体及个人的人权,当然也不能以任何理由剥夺别的社会群体或个人的合法财产。所谓人权面前人人平等,就是指各个社会群体在人权上是平等的,特别是要求社会必须关注弱势群体的人权,要使他们拥有和别的群体相同的致富机会,在机会上均等,同时也要使他们的最基本生活条件能得以保障,他们最基本的医疗卫生条件能得以保障,他们子女的义务教育及其他教育能得以保障,一句话,要保障弱势群体的人权。所谓财产权面前人人平等,就是指社会要维系各个社会群体的合法财产,任何人都不能侵犯和剥夺别人的合法财产,在财产权面前人人是平等的,不存在剥夺者和被剥夺者的问题。人类社会的发展史告诉我们,维系财产权,是非常有利于社会和谐的,因为如果不尊重财产权,合法财产不能得以有效保护,那就会使有些人总想不通过自身的努力而获得财富,这就必然助长社会的不正之风,从而使社会不稳定,人们有恐惧心理,尤其是高效率者会有恐惧心理,这必然很难稳定社会关系的和谐、稳定社会秩序。总之,社会和谐的关键是尊重人权和财产权。

2. 坚持科学发展观

新体制的最主要特征和最大贡献,是把包括阶级斗争为纲在内的意识形态之类的目标,彻底抛弃了,将经济发展和社会发展作为了第一要务,强调"发展是硬道理",因而新体制极大地推动了中国经济和社会的快速发展,其发展成就举世瞩目,不仅使中国民众欢心诚服,而且也成为世界关注的亮点。因此,发展是第一要务的基本战略不能变,放弃了发展是第一要务,就等于放弃了新体制。当然,我们的发展中也存在着某些不尽如人意的地方,尤其是当发展使我国的经济总量已在 GDP 上突破 20 万亿元人民币之后,也就是发展总量十分巨大之后,我们的发展也遇到了新的挑战。如何面对这些不尽如人意的地方和新挑战?唯一的选择就是推进科学发展。但是科学发展并不是不发展,更不是要放弃新体制,而是要完善发展和应对发展中的新挑战,也就是要巩固和完善新体制,使发展具有更高的质量和雄厚的基础。目前有人试图用科学发展观来否定新体制,似乎新体制所推动的发展是有问题的。这种思潮值得重视。实际上,中央所强调的科学发展的第一要务,仍然是发展,发展是不能动摇的,现在的问题只是如何完善发展和应对发展中的新挑战,而不是要不要发展的问题。因此,科学发展观的真正含义在于:

第一,在发展中注重增长方式的转变,要从过去的粗放型增长方式转向高效益型增长方式。粗放型增长方式有两个严重不足:一是高消耗资源;二是高污染环境。这两个严重不足在经济发展的总量还不大的条件下,其弊端和危害似乎还表现得并不十分明显,但是当发展到经济总量十分巨大的时候,这种弊端就充分暴露出来了。例如,当经济发展总量较小的时候,污染并没有成为人们极为关注的焦点,但是当经济发展总量增加到非常巨大的时候,污染就已经发展成为足以威胁到我们生存的因素了,我们必须要调节发展与环境的关系了;又如,当经济发展总量较小时,高消耗资源并没有引起我们的充分关注,但当经济总量发展到十分巨大的时候,资源就已成为阻碍我国经济发展的严重"瓶颈"了,因为人类社会已没有那么多资源供我们消耗了,我们必须要改变高消耗资源的发展模式了。因此,我们必须要转变经济增长方式,需要强调节约型经济,推动循环经济,调整人与自然的关系,使发展建立在人与自然关系相和谐的基础上。

第二,在发展中求得人与人的关系的和谐,使人们都能享受发展所带来的好处。也就是说,发展必须使人们的利益都能得到相应的增长,虽然我们不可能也不应该使人们的利益相同等量地增长,但必须使人们的利益在发展中都要有所增长,尤其是弱势群体的利益也要得到有效提升。可以说,人们的利益在存在差异的条件下共同提升,是发展中人与人的关系相和谐的最基本原则。发展不可能长期建立在利益不和谐的基础上,因而协调利益关系是科学发展观的重要内容。

第三,在发展中协调好中国经济与世界经济的关系,尤其是处理好国际收支方面的问题。在中国经济的发展总量还比较小、国际收支还不会对国内经济产生太大影响,尤其是还不足以影响国际贸易和世界经济的时候,发展中的国际收支失衡问题显得并不突出,但是现在中国的经济发展规模已经很大,其国际收支失衡状况不仅影响到国内经济,而且也影响到国际贸易和世界经济的时候,国际收支失衡就成为我们在发展中必须要解决的问题,例如目前的国际收支失衡所引起的流动性过剩问题,以及流动性过剩引发的需求拉动型价格全面上涨的问题,就属于此类问题,需要我们认真解决。所以,科学发展观,也包括了中国经济与世界经济关系的协调。

第四,在发展中协调好成本优势与技术优势的关系,注重提升经济发展的质量和水平。我国的经济发展在较长时期内都是靠成本优势获得竞争力的,也就是我们的劳动力成本及土地等生产要素较便宜,因而具有竞争上的成本优势,也即比较优势。但这种比较优势已经开始丧失了,尤其是我们不能再依靠劳动力成本的低廉而推动经济发展了。劳动力成本过于低廉,不仅使我国以劳动力这个要素为生的人,收入长期不能得以提升,加剧了国内劳动与资本的矛盾,而且也使中国经济长期内需不足,迫使我们不得不开发国际市场,而出口过多所形成的顺差过大又增加了我国经济流动性过剩的压力。尤其是成本优势往往表现为农民工的收入长期低下,基本生活难以提升,这就加剧了我国工业化与城市化的压力,是非常不利于发展的。我们不能靠牺牲农民工的利益而搞成本优势,把竞争力放在农民工收入低下的基础上。因此,我们必须在发展中实现发展方式的转轨,要从成本优势转向技术优势,推动技术创新。再造发展的新优势,是科学发展观的重要内容。

3. 实现社会公平

对于新体制所充满的活力以及它所带来的强大的效率作

用,似乎人们基本上都是认可的,对此人们并没有太多的分歧,但有人认为新体制过分强调了效率,而忽视了公平。注重效率而忽视公平,似乎是现在不少人对新体制的一种流行性评价,但这种评价是没有实践根据的,而且也是不符合理论逻辑的。这种评价的最根本错误,是将效率与公平绝对地对立起来,似乎只要强调效率,就必然会有害于公平,而要强调公平,就必然要放弃一些效率。实际上,效率与公平不是对立的,而是相互融合在一起的。试想,如果一个体制缺乏公平,那么它还能形成效率吗？如果一个体制没有效率,那么我们还能将其称为公平吗？因此,效率与公平实际上是相统一的,不可分割的,效率包含着公平,公平反映着效率,它们之间不是对立的,因而不是注重了公平,就会损害效率,更不是注重了效率,就会损害公平。所以,要科学地理解公平的问题。我们现在强调的公平,包含了以下四个要点:

第一,公平并不是指社会收入的均等。在讨论社会公平问题时,有人经常将收入差距作为评价社会公平的重要指标,因而据此认为现在收入差距过大,从而引发了社会不公平。这种观点是非常值得商榷的。其实,传统体制下的"大锅饭",虽然实现了人们收入的均等化,但它同样也是一种严重的社会不公平,因为它损害了贡献大的人的应有利益,多贡献而不能获得多收入,这本身是一种极度的社会不公平,正是因为这种严重的社会不公平,所以才极大地挫伤了人们的积极性,从而使得国民经济失去了活力,没有效率。因此,不能将收入差距作为评价社会公平的唯一指标,实际上收入均等不仅不能反映社会公平,而且还往往会严重地损害社会公平。我们评价社会公平的最主要指标,是看人们的机会是否均等,机会均等下的收入差异是正常的。当然,机会均等在现实中往往是很难做到的,充其量只能是一种趋向,因而我们也要在承认收入差距的条件下,注重对收入差距的调节,但这种调节并不是因为收入差距反映了不公平,而是因为机会均等的条件没有充分实现,因而需要调节。我们认为,在机会均等条件下,因为个人禀赋与努力而形成的收入差距,并不反映社会公平不公平的问题,这种差异的存在是正常的,这种差异本身就是公平的。社会公平在于机会的均等,而不在于收入差距本身,从收入差距上很难判定公平与不公平。

第二,坚持公平的关键是消除行政垄断和权钱交易。人们对新体制有意见,例如有人认为新体制有些不公平,但这种意见并不是说效率本身引起了不公平,而是指传统体制未能加以改革的弊端带来了不公平。现在人们有不公平感的主要原因,是因为人们认为行政性垄断及权钱交易,使得一些人获得了并不是靠自身努力而获得的利益,因而人们反感的是行政性垄断和权钱交易,对于那些靠自身禀赋和努力而获得较多利益的人,人们并不反感,并没有认为这种情况也是不公平。因此,人们的不公平感并不是来自效率本身,而恰恰来自和效率相对立的行政性垄断和权钱交易,因而不能把缺乏公平的帽子戴到新体制头上,不公平的现象是由传统体制未能真正改过来的弊端所形成的。因此,要实现社会公平,关键是要深化体制改革,重点在于打破行政性垄断和消除权钱交易,这就要求我们必须在推进经济体制改革的同时，大力推进政府体制改革，完善民主政治，从而消除行政性垄断和权钱交易的体制基础，可以说，没有政府体制改革的深化，没有良好的民主政治，就不可能有真正的社会公平。

第三，公平并不是笼统地比较人们的财富。在讨论收入差距及社会公平时，人们经常将某些企业所有者的财富与普遍劳动者的收入相比较，这样比较的结果使人们感到社会收入差距太大，似乎社会很不公平。事实上，这种比较方法并不合理。因为，在企业所有者的财富中，有一种财富是属于企业法人财产，我们不能将这种法人财产完全等同于自然人财产。自然人财产与企业法人财产并不是一回事，甚至有本质性区别。企业法人财产虽然会给所有者带来一定的财富，但企业法人财产的主要作用在于维系企业的投资与经营活动，在更大程度上是为社会作贡献，例如为社会创造就业机会，为市场提供产品和服务，为政府提供税收，企业法人财产只有在完成这些社会贡献的基础上，才能给所有者带来一定的自然人收入。因此，企业法人财产并不像自然人财产那样，全部是为个人利益服务的，例如，如果一个人有 50 万元的自然人财产，就可以直接将它们用于自己的个人消费，但是当个人财产表现为法人财产的时候，人们就不能随便将它用于自然人消费了。因此，不能将个人的企业法人财产作为自然人财产，并用它去同普通人的自然人财产相比较，从而得出收入差距太大、社会不公平的结论。比较收入差距需要有科学的方法，切不可盲目将地不应比较的收入放在一起胡乱比较，这样会得出错误的结论。

第四，公平是与法治社会相统一的。在讨论收入差距，进而评价社会公平问题的时候，我们应该有一种法治意识。所谓法治意识，就是要承认所有合法性的事实。也就是说，在法治社会条件下，人们的收入是否具有合法性，是否公平的标准，就是法律，所有合法性的收入都应该是公平的，无论高收入还是低收入，只要合法，就是合理的，不能将合法的高收入看成是不公平的。收入的公平性不在于收入水平的高低，而在于收入是否具有合法性。影响人们收入的因素是多种多样的，但收入必须合法，合法的就是合理的。公平性与合法性是相统一的范畴。因此，我们只有将法治观念引进社会公平问题的时候，才能真正分清何谓公平、何谓不公平。离开法治标准，实际上是很难讨论社会公平问题的。社会公平以法治为基础，以合法性为准则。因此，社会公平不是一般的道德问题，而且即使是道德问题，也必须以法治为基础，合法性与道德状况也是相统一的，例如合法性的道德习惯就应该称为有道德，要将道德放在法治的基础上。总之，不能离开法治而讨论社会公平。

4. 有效关注民生

新体制在运行过程中，受竞争与效率规律的作用，必然会产生像企业破产和个人失业这类传统体制所没有的现象，因而在有些人看来，似乎新体制没有像传统体制那样关注民生问题，所以把忽视民生的帽子戴到了新体制头上。其实这是不对的。新体制下所发生的破产和失业，并不是新体制带来的，而是因为有些个人或企业不能适应新的要求了，被"罚下场了"，问题在于被罚下场的是个人和企业，而不在于新体制。因此，我们现在强调和关注民生，并不是说新体制就有悖于民生，而是指新体制在进入磨合期后，民生问题显得更为重要，新体制本身所具有的关注民生的内在要求，这时会充分地显现出来。因此，不能将新体制与关注民生对立起来，而是要看到它们实际上是相互融合的，是一个问题的两个方面。

第一，新体制为关注民生问题提供了强大的物质基础，可以说，没有新体制的建立，我们就不可能有能力真正关注民生问题。在传统体制下，我们的民生问题实际上是糟糕的，许多人吃不饱、穿不暖。传统体制下的民生问题为什么搞得不好，就是因为传统体制不仅使国民经济严重缺乏活力，而且使国民经济结构严重失调，从而使我们长期处于严重的短缺经济之中，在这种情况下，我们根本没有关注民生的物质基础和能力。改革开放以后，新体制创造了巨大的经济活力和强大的物质基础，从而使我们真正有能力关注民生问题了，例如像取消农业税，为弱势群体提供更好的社会保障和公共产品这些关注民生的举措之所以能够实行，就是因为新体制为我们创造了强大的物质基础。因此，只有新体制的不断巩固和完善，才能使民生问题不断地得到有效解决。

第二，新体制本身就包含了对民生的关注，新体制并不排斥和损害民生问题。例如，市场经济虽然强调效率原则，但同时也强调社会保障原则，因而市场经济越发达，社会保障体制就越健全。在人类发展历史上，社会保障体制几乎是同市场经济体制同步完善的。因此，关注民生也是新体制的必然要求，我们现在完善新体制的重要内容，就是关注民生问题。为此，我们应该注重完善医疗卫生体制、完善教育体制、完善收入保障体制、完善再就业体制、完善住房体制，等等。总之，要全方位地关注民生问题，通过关注民生而为新体制创造深厚的民众基础，从而使民众利益与新体制紧密地结合在一起。

第三，民生问题有赖于新体制的巩固和深化，我们应该使民生与新体制之间相互有效配套。我们现在强调民生问题，并不是因为新体制的形成损害了民生，而是指新体制恰恰需要注重民生问题，同时民生问题也有赖于新体制的完善。因此，不宜把新体制与民生问题对立起来。现在有人非常喜欢作为弱势群体的代表，经常讲所谓的穷人经济学、穷人教育学，似乎讲穷人问题就是关注民生，实际上这是不对的。我们关注民生问题，并不是要将它同新体制对立起来，将强者与弱者对立起来，而是在推动民生的进程中，我们既要强调关注弱势群体，也要关注在竞争中处于强势地位的群体，使他们在竞争中更强。强者更强，才有利于社会解决弱势群体的问题，不能靠抑制强者而扶持弱者，而是要使他们都能拥有充分发挥自己作用的体制和政策，这才是我们关注民生的本来意义。关注民生问题，不是为了加剧强者与弱者之间的不协调，而是要推动他们之间的和谐，因此，虽然强者更多地依靠自身的竞争，弱者则需要社会的更多帮助，但他们实际上都需要社会的关注，前者是希望竞争更充分和更公平，后者则希望有更多的

扶持和救助。从这点上讲，关注民生，就是关注各个社会群体的社会诉求。

第四，关注民生虽然要强调通过转移支付而有效地保障弱势群体，但关注民生并不仅仅是如此，关注民生更重要的是要为弱势群体提供更为公平的机会，使他们的创新能力能够得以有效提升，从而使他们通过自身的努力而改善自己的生存和发展条件。这是民生问题与福利主义的重大区别。我们不能无条件地把提高弱势群体的福利作为关注民生的主要内容，如果一味强调提高福利，而不去设法提升弱势群体的竞争能力的话，就必然会加大社会进步的成本，并且对推动社会和谐毫无意义，甚至还会使社会产生"福利病"，从而降低经济发展和社会进步的动力。不关注民生问题是错误的，但将民生问题等同于福利主义也是有害的。我们应该汲取有些福利国家的教训，尤其是南美一些国家的教训。我们要告诉人们，任何人都只有依靠自身的努力才能最终改变自己的地位和生存状况，努力工作是社会进步和自我提升的基础，是国强民富的前提条件，如果一个社会中的人不是强调努力工作和竞争，而是试图依靠享受福利而生活，那么这个社会就没有前途。总之，关注民生不能削弱社会进步的动力，更不能导致"寄生性"的社会习惯，而是要强调竞争和自我奋斗。如果我们不强调竞争和奋斗，而是为了迎合所谓的"民心"，去无限制地满足一些人的福利要求，其结果只能是有损于新体制，有损于社会经济发展的活力。因此，要正确理解关注民生问题，切不可把关注民生当成福利主义。这个问题是我们必须要警惕的，切不可掉以轻心。因为有些缺乏自信心和权威的人，往往会利用福利主义来吸引所谓的"民心"，从而借关注民生的幌子使中国经济过早地丧失发展的动力和良好的发展机遇。因此，新体制磨合期既要关注民生问题，也要防止将民生问题变成福利主义，从而导致中国经济放慢增长速度，出现新体制的变态性回潮。

三、全方位改革时期的任务及特点

经过大规模经济体制改革阶段与新体制磨合阶段，中国人民在经济上逐渐富有起来，实现了富起来的目标。在经济上富有之后，人们就越来越重视自己在政治上、文化上、社会上、生态上的各种需求。为了满足人们这些日益增长起来的需求，中国改革就要从以经济建设为中心的改革，走向经济、政治、文化、社会、生态等全方位的改革。如果说在 1978—2013 年这三十多年的改革中，我们还是以经济建设为中心而推动改革的话，那么自 2014 年起，中国改革就主要表现为经济改革基础上的全方位改革，包括政治改革、文化改革、社会改革和生态改革。

1. 政治改革

人们在政治上一个极其重要的需求，就是能看到一个公平公正的社会秩序，体会到社会的正义感。我国是一个以人民当家做主、法治社会、共产党领导相统一为特征的政治体制，因而要满足人们在政治上的这种需求，首先，必须坚持推动法制社会的建设，形成包括宪法、民法、刑法在内的完整的法律体系，有法可依，并且形成高效的执法体系，彻底消除以权代法、以政代法、以情代法的现象。其次，从严治党，推动与深化党内民主与监管，因为共产党是中国的执政党，只有党内民主才能集中各种智慧与各方面的诉求，保证党的正确领导，它比一般的社会民主更重要。当然，它的监管也比一般社会监管更重要。最后，民意的动向及诉求的传递必须快速准确，在各种新媒体及信息传递通道上要保证民意畅通顺达，不能因各种原因而形成阻滞。

人们在政治上的一个普遍需求，就是看到政商亲清，社会廉洁高效，贪腐得以严惩与消除。近几年人们为什么政治上满足感较强，就是因为反腐治贪取得了巨大成就。因此，我们必须将权力关在制度的笼子里，建立高效的防腐治贪体制，既防止资本介入政治生活，也防止政治权力介入商界活动，真正实现政商亲清。为此，必须对政商的运行轨迹作严格界定，消除权钱交易、权色交易，在制度上真正实现防腐治贪。可以说，建立一个高效廉洁的政府，是人们在政治上的普遍愿望。目前中国构建国家监察委员会，就是将所有公务人员的行为纳入监管之内，保证公共权力与公共财产为民所用，治理公权私用、有权不为，既治贪又治懒的重要制度安排得到人们极力支持。

人们在政治上的一个最基本需求，就是国家统一，民族团结,在国际上能得以尊重,有民族自豪感与国家荣誉感。因此,我们必须要解决"台独""疆独""藏独"及"港独"等问题,真正实现国家统一。同时,还要不断使中国得到国际上全面真正的认可,提高中国护照的"含金量",使人们拥有民族自豪感与国家荣誉感,这也是人们重要的政治满足感。《战狼2》《红海行动》等电影的高票房现象就足以证明这一点。

2. 文化改革

文化改革在我国实际上有三个问题。

第一,文化经济问题。

大家知道,文化需求是人们的重要需求。要满足人们的文化需求就必须改革和推进文化经济的发展。所谓文化经济,就是生产人们所需要的精神产品而满足人们精神需求的经济。人类生产分物质产品生产与精神产品生产,生产精神产品的就是文化经济。文化经济首先表现为文化产业,主要包括影视、音乐、戏剧,收藏、非遗、博物馆,出版、美术、传媒,旅游、体育、娱乐等。

文化产业的载体实际上是文化企业。文化企业作为生产人们精神需求的企业,不同于一般生产物质产品的企业,有着自身的特点。首先,文化企业必须要正确把握不同时期、不同年龄群体的精神需求,根据人们的精神需要而生产出文化产品,一旦把握不好人们的精神需求,任何文化产品将失去市场需求,就像那些所谓的艺术片严重脱离现实而没有票房价值一样。其次,满足人们精神需求需要具有很强创新意识的人

才,因而文化企业的公司治理会更加重视人力资本,货币资本需要以人力资本为基础。最后,文化企业所生产的产品受制于意识形态的约束,必须具有正能量的价值,不能颠覆社会的主流"三观"。

文化产业作为生产精神产品的产业,虽然不同于其他生产物质产品的产业,例如其运行过程并非是纯粹的市场经济原则,但文化产业作为产业,其运行又必须建立在市场经济基础上,因而文化产业同样涉及文化市场、文化金融等问题。文化市场的形态是各种各样的,既有线上的,也有线下的,例如线下的有文化小镇等,应该允许文化市场走向多元化,不要搞行政性垄断或者行政性阻滞。文化金融也要有创新,不能简单使用物质产品生产企业的融资方式,例如文化企业一般并不具有用于抵押贷款的资产,更多的是无形资产,因而需要有创新性融资方式,应该允许这方面的金融创新。

第二,经济文化问题。

经济文化不同于文化经济,经济文化是人们在经济活动中必须坚持的价值理念,它也是文化问题的重要内容。大家知道,经济活动是人类有目的的社会活动,当然有着人们所必须坚持的价值理念,就是经济文化。经济文化的要点包括契约精神、法治意识、诚信理念、责任约束、敬业精神等。良性的经济活动需要经济文化的支撑。中国经济虽然高速增长,但人们为什么还缺乏成就感与认同感,就是因为还没有良好的经济文化,表现为快速增长下的混乱,因而必须形成良好的经济文化。

第三,传统文化问题。

中国传统文化博大精深,是中华民族的瑰宝。我们对于中华传统文化既不能全盘否认,也不能全盘照搬,因为全盘否认就没有根了,全盘照搬实际上也难以与时俱进。对于传统文化中的"农耕文化""君臣文化""抑欲文化"等因素需要扬弃,要根据工业文明、法治文明、人权文明等人类的价值理念进步,加进新的元素,从而形成中华现代文化。这是文化改革的重要内容。

3. 社会改革

任何人都希望自己生活在一个充满活力而没有生存恐惧与斗争的社会之中,因而在市场经济条件下,人们的社会需求表现为无生存之忧并期望竞争有序与社会和谐。如何满足人们的这种社会需求?首先应该建立良好的社会保障制度。在教育、医疗、养老等方面建立符合人们需要的保障制度,让人们没有上学难、就医难、养老难等忧虑。社会保障制度应该实行行政化与市场化的有效结合,也就是政府要在教育、医疗、养老等方面实行最基本保障,即现在所讲的"兜底",同时也鼓励人们进入各种商业保险,建立更为"优越"的各种保障,形成多层次的社会保障制度。

追求社会和谐是人们的重要社会需求,因为任何人都不希望自己生存于一个充满仇视与争斗的社会之中,无论是有钱人还是穷人,人的本质是追求和谐。要实现社会和谐,就必须认真处理好社会各群体之间的关系,除了要认真处理好各

群体之间的收入关系外，例如要让各群体收入都能随着经济发展而相应增长，更要注重处理好各群体之间的思想关系，例如必须相互尊重并能自我约束，在相互理解的基础上协调人们之间的思想差异及行为差异，实现和谐相处，消除群体对立。

4. 生态改革

人类的幸福生活离不开良好的生态环境，因而对美丽中国的需求是每个中国人的强烈愿望。要实现美丽中国，必须坚持生态改革。生态改革的任务有三：

一是必须真正处理好工业化与城市化所带来的废水、废气及固体垃圾，只有这样才能真正实现工业文明与城市文明。治理废水、废气、固体垃圾必须坚持产业化与企业化的路子，通过技术创新而消除污染，单纯的行政性"关停并转"的强制方式只能解决一时一事的问题，只有走产业化、企业化、技术化的路子，才能真正解决问题。

二是大力推进自然生态环境的修复。近些年来，因为盲目追求 GDP，已经使自然生态环境受到巨大破坏，因而要建成美丽中国，就必须尽快修复自然生态环境。对于那些影响整个中国生态环境的区域，必须禁止开发，对于重点区域要以国家公园形式加以严格保护。应该建立国家自然资源资产的集中管理体制，防止某些地方政府及企业或个人，因为局部利益而造成对自然生态的破坏。对与自然生态环境有关的区域的政府业绩评价体系要取消 GDP 这个指标，而且国家要以预算形式对这些地方的财政收支予以支持与帮助,使自然生态环境保护真正落到实处。应该说,国家组建自然资源部正是顺应了历史发展趋势,必将有利于生态自然资源的修复与保护。

三是大力推进农村与农业改革。农村与农业实际上已成为中国生态环境保护的薄弱环节,也是污染恶性事件的高发区,因而必须推进农村与农业改革。农村与农业改革包括对农业的化肥及农药的使用要有严格的标准,对农村生活的"上下水系统"及垃圾处理要有新举措,对非农的、污染严重的农村工业体系要进行真正的"关停并转",促进农村工业体系的升级换代。当然,美丽乡村的实现,最终要使农民富、农村强,因为美丽乡村实际上最终是以经济实力为后盾的。

5. 经济改革

我们强调政治改革、文化改革、社会改革、生态改革,并且不再单纯强调以经济建设为中心,并不是不需要经济改革,而是要在全方位改革的基础上更加深入地推进经济改革。在全方位改革的基础上,经济改革的核心是:按照新发展观,构建现代化经济体系。什么是现代化经济体系?现代化经济体系包括六个组成部分,即实体经济、现代金融、科学与技术创新、人力资源体系、市场经济、全方位开放。实体经济是现代化经济体系的基础与脊梁,现代金融是现代化经济体系的助推器与润滑剂,技术创新是现代化经济体系的动力源泉,人力资源是现代化经济体系的人才基础,市场经济是现代化经济体系的基本运行规则,全方位开放是将中国经济融入世界经济之中。

现代化经济体系的重要特征是具有很强的防风险能力,能够对风险作出预警并能及时修复引起风险的各种经济漏洞。因此,我们在构建现代化经济体系中,要将防风险作为重要的指标。例如,在构建现代金融中,要将各种防风险的举措考虑其中,把握好金融与实体经济的关系、金融与房地产的关系、金融与各种债务的关系,金融与杠杆率的关系、金融内部各种融资通道的关系,等等。

现代化经济体系是中国进入强起来时代的经济体制,因而现代化经济体系必须助推中国建立现代化强国。现代化强国必须在经济上要拥有技术话语权与金融话语权。要拥有技术话语权,中国就必须能够创新出颠覆性技术与原创性技术,这就要求中国要进行前瞻性、基础性研究,形成强大的科学与技术创新体制。要拥有金融话语权,中国就必须全方位开放,不再单纯强调出口与吸引外资,而是也要强调进口与中国资本走出去,深入推进"一带一路"倡议,推进人民币的国际化。总之,强起来的目标要求现代化经济体系要有新的特征与内容。

经济改革的新坐标:现代化经济体系

党的十九大报告指出,中国已经经过了站起来的时代、富起来的时代,现在迈向了强起来的时代。强起来的时代有三个时间节点:2020 年全面实现小康,2035 年基本实现现代化,2050 年建成现代化强国。如何完成强起来的时代的发展目标？从经济的角度来看,就是要按照新发展观,建立现代化经济体系。因此,党的十九大报告在经济方面提出的最主要任务,就是按照新发展观,建立现代化经济体系。

一、现代化经济体系的基本特征

什么是现代化经济体系？从根本上讲,就是能最有效反映现代化要求、推动现代化实现并保证现代化有序运行的经济体系。具体来说,现代化经济体系包括如下特征:

第一,现代化经济体系反映了全体人民的愿望与要求,是以人民为中心的现代化，并不是某些个人或某些利益群体的现代化，现代化经济体系能够有效地不断实现人民对美好生活的追求，提升全体人民的福祉。现代化经济体系一定要消除传统现代化带来的极度两极分化、社会群体对立，从而实现全体人民的现代化，推进社会和谐。中国目前进行的精准脱贫，实际上就是以人民为中心的现代化的具体表现。

第二，现代化经济体系能够有效推进人类社会的第四次工业化。人类社会已经经历了机械化、电气化、信息化这三次工业化，正在迈向智能化，即第四次工业化，现代化经济体系当然而且必须反映第四次工业化的要求，有效推动中国第四次工业化的实现。实际上，现代化经济体系就是以第四次工业化为特征的经济体系，例如创新与创意就是现代化经济体系的重要特征。

第三，现代化经济体系是在传统城市化基础上而形成的后城市化经济体系，因而现代化经济体系更加注重区域经济协调，更加注重城市化过程中的城乡协调发展、更加注重农业与农村的振兴，农村美、农民富是现代化经济体系的重要内容与目标。因此，现代化经济体系的一个重要任务就是要有效治理大城市病及农村落后这两个传统现代化的痼疾，有效协调城市化与"逆城市化"的关系。

第四，现代化经济体系总结了已有城市化与工业化的缺陷，更加重视生态因素在现代化中的地位与作用，能够有效推动生态文明。生态文明既包括对工业化与城市化所引起的废水、废气、固体垃圾的有效处理，消除污染，也包括对自然生态的修复,要求所有开发都必须以自然生态的保护为基础和前提,实现人与自然的和谐。

第五,现代化经济体系在经济增长方式上放弃了粗放式增长方式,更加注重高质量增长,不再单纯靠投放劳动力、土地等要素而推动增长,而是将创新作为增长的主要要素,产品与服务的创新、商业模式创新、技术创新等创新模式将成为增长的最主要动力。

第六,现代化经济体系充分体现了人类社会的现代化意识,其中包括契约理念、法制精神、诚信品质、人权思想、责任意识等。在现代化意识中,尤为重要的是企业家精神,企业家精神不仅仅表现为创新意识及能力,而且更重要的是责任意识,例如为市场提供优良产品与服务,为投资者提供应有的回报,为政府提供税收,为社会提供就业机会,为环保贡献力量等。契约、法制、诚信、责任、创新是现代化意识的重要内容,也是现代化经济体系的核心理念与文化,可以称为现代化经济体系文化。

第七,现代化经济体系具有包容性与开放性特征,强调人类命运共同体理念,在新的全球化模式中实现国与国之间及区域与区域之间的协调发展,抛弃贸易战及各种国际化壁垒,实现全方位及真正意义上的开放。

二、现代化经济体系的构成体系

现代化经济体系主要由六个部分构成,可以称为六位一体。

1. 实体经济

实体经济是现代化经济体系的基础与脊梁。离开了实体经济的发展与壮大，现代化经济体系就无从谈起，因而现代化经济体系的重要任务是大力发展实体经济。

目前我国实体经济的最主要问题是结构调整，重点是推进供给侧结构性改革，即原有支持我国经济发展的支柱性产业，要转向一般性产业，而另外一些产业则要逐渐上升为支柱性产业。在这种结构调整过程中，我们首先要确保原有的支柱性产业在转向一般性产业的过程中，不能出现问题，不能引起经济及社会风险。根据我国目前的实际情况，我们提出了"三去一降一补"的对策，即去产能、去库存、去杠杆、降成本、补短板的对策，这对于原有的支柱性产业平稳地逐渐转向一般性产业具有重要意义。

当然，结构调整的关键还是要推动新的支柱性产业的形成。主要有三大产业：一是战略性新兴产业，包括新能源、新材料、生命生物工程、信息技术与互联网、节能环保、新能源汽车、人工智能、高端装备制造等；二是服务业，包括消费服务、商务服务、生产服务、精神服务业等；三是现代制造业，包括飞机、高铁、核电、特高压输变电、现代船舶及航天器制造等。

2. 现代金融

现代金融是实体经济的助推器与润滑剂，现代化经济体系需要有现代金融的支持。因此，我们要继续推进金融体制改革，包括银行改革，例如利率市场化、银行治理结构改革、民营银行发展等;推进非银行机构发展,例如放开各类投资公司、各类基金、各类保险公司等;资本市场改革,例如形成多层次资本市场、上市由审批制到核准制又到注册制等;外汇体制改革,例如推动汇率市场化与外汇自由流动等;金融全方位开放,例如放开外资资本在中国金融机构中的持股比例等。

当然,发展现代金融必须防范金融风险,包括抑制资产泡沫的形成,防止资产泡沫引发金融风险;稳住债务,防止个人、企业、政府债务的过快上升而引发金融风险;稳住外汇,防止汇率及外汇储备的剧烈变动而引发金融风险;治理金融乱象,防止金融改革的不当行为及新技术引入金融而引致的金融风险;控制好货币政策与宏观审慎政策,防止"顺周期"的负面作用及市场之间的传染病引发金融风险;等等。

3. 科学与技术创新

科学与技术永远是人类社会发展的动力源泉与基础,例如人类社会的四次工业化,实际上就是科学与技术发展的结果,因而科学与技术是现代化经济体系的核心组成部分,是现代化经济体系的创新基础与动力源泉,尤其是原创性技术与颠覆性技术是与现代化经济体系内在地联结在一起。

科学技术的创新需要有相应的体制配套,包括技术创新体制的法律基础,例如知识产权保护;财力基础,例如不低于GDP总量的5%的应有的资本投入;物质基础,例如现代化实验室及科学城的建立;人才基础,例如有效调动科学技术人员创新积极性的激励机制的建立;科学积聚基础,例如重视与发

展前瞻性基础研究;等等。科学与技术发展需要包括企业、政府、高校、社会的全方位努力。

4. 人力资源体系

人是最可贵的,任何社会经济活动最终都是以人为基础的,因而现代经济体系既需要充足的人力资源支持,更需要高素质的人力资源,数量充足且高素质的人力资源是现代化经济体系的保障,人力资源体系是现代化经济体系的重要组成部分。

如何提高人力资源的量与质,形成良好的人力资源体系?首先,要确定科学的人口生育政策,确保一个适合经济发展的人力资源结构,防止"老年化"与"少子化"的产生,使人力资源的年龄结构适宜;其次,要发展包括幼教、义务教育、职业技术教育、高等教育、在职教育等各种教育形式在内的完整教育体系,而且随着社会经济发展不断调整与充实教育内容,确保人力资源不断在社会与经济进步中得以提升;最后,建立完善的人力资源保障体系,既包括医疗、就业、养老等方面的最基本保障,也包括以市场化为基础的各类保险为特征的多层次社会保障体系,形成市场、政府、个人、企业等各类主体都有效发挥作用的全民性社会保障体系。

5. 市场经济

市场经济是现代化经济体系最基本的运行原则与规则,市场经济维持着现代化经济体系的运行秩序。我国经济体制改革的"真谛",就是在原有经济体制中不断加入市场经济要素,最终形成市场在资源配置中起决定性作用的现代市场经济。因此现代化经济体系的核心是不断发展与完善市场经济。

市场经济首先要尊重与承认各类市场主体在法律框架下的自我利益追求权与自我选择权,承认与保护各类产权,这是市场经济的动力源泉;其次,市场经济要消除各种阻滞资源配置的障碍,保证各种生产要素的顺畅流动,有效实现资源的高效配置;最后,市场经济的关键是要处理好政府与市场的关系,资源配置中起决定性作用的是市场,政府是在市场经济运行的基础上掌握好各种宏观经济政策与社会政策,包括货币政策、财政政策、国际收支政策、社会保障政策等,政府一般不介入具体的人们的经济活动与企业的投资经营活动。

6. 全方位开放

开放是现代化经济体系的重要组成部分。我国在改革开放之初强调扩大出口与吸引外资,这是与我国当时的实际情况相吻合的,因为当时我们很穷,没有国内市场,不得不利用国际市场;同时,我国当时没有资本积累,缺乏经济发展的资金,不得不利用国际资本。但是这种开放实际上是一种单向性开放,即搭别人"便车"的开放。扩大出口是利用国际市场,吸引外资是利用国际资本,因而实际上当时的开放都是以搭别人"便车"为特征。

随着中国改革开放的深入,中国逐渐进入到了强起来的

时代,中国已经有了巨大的国内市场,中国已经聚积了庞大的资本,因而中国开放已经进入到了新的时期,也就是全方位开放的时期,其特征是不再单纯搭别人"便车",而是更加重视别人搭我们"便车"。我们不再单纯强调扩大出口,而是更加重视进口;不再单纯强调吸引外资,而是更加重视中国资本走出去。

全方位开放作为现代化经济体系的重要组成部分,要求我们进一步向世界开放中国的国内市场,既包括物质产品市场,也包括服务业市场,例如在上海建立进口贸易博览会,放开境外资本在中国金融机构中的持股比例,等等。同时,中国资本要走出去,加大对外投资,尤其要大力推动"一带一路"倡议,实现中国资本的国际化发展。

三、现代化经济体系的历史使命

现代化经济体系是中国进入强起来的时代的经济体系,因而现代化经济体系要推动中国实现 2020 年全面实现小康、2035 年基本实现现代化、2050 年实现现代化强国的战略目标。现代化强国是现代化经济体系的历史使命。如何实现这个历史使命? 主要有以下两条:

1. 使中国具有技术话语权与金融话语权

现代化强国的一个重要标志,就是要有技术话语权。中国作为一个大国，如果没有原创性技术及颠覆性技术，就不可能成为一个强国。因此，现代化经济体系要推动中国的科学与技术创新。美国在 1900 年时虽然经济体量很大，但是并没有技术话语权，当时技术话语权在欧洲，尤其是在德国人那里，第二次世界大战后才逐渐取得了话语权，成为一个强国。由此可见，推动中国具有技术话语权是现代化经济体系的重要历史使命。

现代化强国的另一个重要标志是具有金融话语权。一个国家如果没有金融话语权，就不可能是一个强国。美国在 1900 年时经济体量确实很大，但并没有金融话语权，当时的金融话语权在英国人那里。第二次世界大战后美国才逐渐取得金融话语权，成为现代化强国。因此，中国必须要取得金融话语权。中国取得金融话语权的重要举措，是推动人民币的国际化。人民币虽然已经成为世界储藏货币的一种，但离人民币国际化的目标仍然很远。这就要求中国应全方位推动人民币的国际化，例如除了在"一带一路"中实现人民币国际化之外，还应让人民币介入到石油交易之中，打破美元在石油交易中的垄断地位，中国是世界最大的石油消费国，我们有让人民币实现石油交易中介的市场基础。总之，中国要成为现代化强国，必须要有金融话语权。

2. 防范与阻抗各种风险

中国在迈向现代化强国的过程中，实际上增长速度已经不是主要的问题，就是增长慢一点，也不会影响我们强国目标

的实现，现在最大的问题是不能爆发各种风险，因为风险的爆发会中止我们的强国梦，就像一个行驶的高铁一样，一旦翻车，后果将不堪设想。因此，现代化经济体系必须具有防范与阻抗各种风险的能力。

风险如果从经济方面来看，恐怕最主要的是金融风险。人类社会的经济风险，这些年来最主要表现为金融风险，例如1998年的亚洲金融危机、2008年的国际金融危机。因此，就经济方面来说，主要是防范金融风险。防范金融风险要处理好金融与实业的关系、金融与资产价格的关系、金融与外汇的关系、金融与债务的关系、金融与金融改革的关系及金融与新技术的关系，当然，还要把控好货币政策及宏观审慎政策。

风险如果从社会方面来看，恐怕最容易出现的是有关民生方面的风险。民生方面的风险影响面较广，而且容易触及人们所承受的红线，一旦处理得不好，就会爆发社会动荡。尤其要注意到，随着以互联网为特征的新媒体的产生，各种误解甚至谣言都会成为社会动荡的助推器，一旦真相滞后，就更加大了社会动荡的可能性。因此，一定要重视民生方面所发生的问题，防止它引起整个社会的动荡，形成巨大的社会风险。

风险既包括内部的，也包括外部的。中国一向是以和平著称的国家，而且从来不干涉别国内政，因而外部风险的可能性并不大，但是中国现在还是一个并没有完全实现统一的国家，一个并没有实现统一的国家当然不能算作强国，统一是中国成为强国的重要目标，本来这种统一祖国的目标与别人毫无关系，但有的国家可能会因此而挑起事端，甚至发动战争，因而中国的外部风险是存在的。例如"台独""疆独""藏独"应是中国的内部问题，但总有些国家从中捣乱，挑起事端。"台独"问题是中国不可能回避的问题，台湾统一问题不能一直拖而不决，我们以最大努力去实现和平统一，但有些事并不是我们单方面能决定的，"台独"势力可能会逼着中国"武统"，以至于有些国家可能插手其中，因此，中国必须要形成强有力的国防力量，以应对这些风险。因此，国防现代化也是现代化强国的重要目标。只有能打仗，才能实现不打仗。由此可见，现代化经济体系的重要任务是推动国防现代化。现代化经济体系实现国防现代化的最主要举措，是建立军民融合体制，使经济与国防现代化相辅相成，在实现经济现代化的同时，实现国防现代化，强经济与强军并举，从而增强中国防范外部风险的能力。

转型之路:从高速增长转向高质量增长

目前贯穿于中国经济的一条主线,就是从高速增长转向高质量增长。那么,什么是高质量增长,怎么样才能实现高质量增长,就成了我们必须要搞清楚的问题。下面就此问题作些探讨。

一、高质量增长是高效率增长

经济增长如果用效率指标来评价,可分为高效率增长与非高效率增长。高效率增长是指以较少的投入获得了最大的收益,而非高效率增长则是指以最大的投入却获得了较少的收益。高质量增长是指高效率增长。

决定高效率增长的一个重要因素是技术创新。技术创新可以使各种要素投入发挥最大作用,实现以少的投入形成最大的收益。因此,为了实现高效率增长,进而实现高质量增长,就必须有效推动技术创新,尤其是要获得颠覆性技术与原创性技术。为此,就要进行超前性的基础研究,形成技术创新所需要的财力基础、法律基础、物质基础、人才基础。

决定高效率增长的另一个因素是制度创新。制度创新可以有效调动各种要素的积极性,使各种要素最大限度地发挥作用,实现以较少的消耗获得更大的利益。我国改革开放以来经济效率的提高,就是得益于制度创新。因此,我们要推动高效率增长,实现高质量增长,就必须继续推进制度创新,尤其是建立以现代市场经济为核心的现代化经济体系。

二、高质量增长是有效供给性增长

经济增长如果从市场供求关系状况来评价,可分为有效供给性增长与无效供给性增长。有效供给性增长是指经济运行过程实现了供求关系的平衡,无效供给性增长则表现为市场关系失衡,产能严重过剩,库存积压很大。增长是指有效供给性增长。

我国在过去一段时间虽然经济增长较快,但不少产业产能严重过剩,库存积压太大,与此同时,人们需要的产品与服务却提供不出来,出国购买成为时尚,这实际上是一种无效供给性增长。这种无效供给性增长,单靠市场调节是难以快速见效的,因而中央提出供给侧结构性改革的战略对策,快速对过剩产能及库存积压作了调整,为有效供给性增长打下了

基础。

无效供给性增长形成的一个重要原因，是供给方没有风险意识，盲目扩张、盲目负债，因而消除无效供给性增长必须去杠杆，降低整个社会的杠杆率。在未来几年内，我们必须将去杠杆作为消除无效供给性增长的重要任务。

无效供给性形成的另一个重要原因，是制度的风险约束性不够，经营者对过剩产能及库存没有风险约束，因而会在短期利益驱使下盲目扩张。因此，必须有效推进制度改革，尤其是国有企业改革，彻底解决国有企业背后的刚性兑付问题，使得国有企业经营者与利益及风险真正挂钩，实现有效的利益与风险约束。

三、高质量增长是中高端结构增长

经济增长从结构方面来划分，可分为中低端结构增长与中高端结构增长。我国过去较长时期实际上是一种中低端增长，这是由我国当时的生产力发展水平所决定的。我国现在要向中高端结构增长转变。高质量增长实际上就是中高端结构增长。

中高端结构增长与中低端结构增长的最大区别在于支柱性产业不同。中低端结构的支柱性产业包括传统制造业、建筑业及房地产业等。中高端结构的支柱性产业则主要包括：一是战略性新兴产业，例如新能源、新材料、生命生物工程、信息技术及移动互联网、节能环保、新能源汽车、智有机器人、高端装备制造等；二是服务业，例如消费服务业、商务服务业、生产服务业、精神服务业等；三是现代制造业，例如航天器制造与航空器制造、高铁装备制造、核电装备制造、特高压输变电装备制造、现代船舶制造与海洋装备制造等。

因此，我国在向中高端结构增长的转变中，要大力发展战略性新兴产业、服务业、现代制造业，这些产业将逐渐成为我国的支柱性产业。

四、高质量增长是绿色增长

经济增长有时在高污染与高消耗条件下也会实现高速增长，但这种高速增长绝不会持续。高质量增长与这种以污染与高消耗资源为基础的所谓高速增长是相对立的，高质量增长强调节能环保，是一种绿色增长。

要实现绿色增长，首先要维持好自然生态环境，增长不能以破坏自然生态环境为代价。我国过去一些地方忽视对生态环境的保护，甚至不惜破坏生态环境而搞 GDP，严重危及了我国的生态安全。发展是硬道理，但"硬"发展则是没有道理。因此，在绿色发展的理念下，我们要从各个方面加大对自然生态的修复，包括各种河流自然生态带、山脉自然生态带等。

要实现绿色发展，必须要对工业化与城市化所带来的废

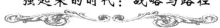

水、废气、固体垃圾进行良好的处理。如果对"三废"不能做好处理，那就不是真正实现工业化与城市化，当然也就不能称为绿色发展。从经验与教训来看，废水、废气、固体垃圾处理的唯一办法是依靠技术，要形成良好的节能环保型技术，走技术化的道路。技术化标志着节能环保的产业化、企业化。因此，节能环保要走技术化、产业化、企业化的道路。

五、高质量增长是可持续增长

经济增长在盲目扩张与粗放方式下，虽然也可以实现高速增长，但往往不可持续，甚至会引发经济危机。因此，盲目扩张与粗放方式的高速增长是不可取的。高质量增长是可持续增长。

可持续增长要求在经济增长战略上克服盲目扩张的倾向，盲目扩张必然会促使个人、企业及政府盲目加杠杆，过度加杠杆，必将导致金融风险的形成甚至爆发金融危机。近几十年世界上所形成的几次金融危机，背后都是加杠杆的结果。现代经济危机几乎都表现为金融危机，而金融危机的背后都是盲目加杠杆导致整个社会杠杆率太高。因此，我们必须在经济较快增长的整个过程中，防止杠杆率过高，随时要去杠杆。经济越是处于顺周期时，就越要注重去杠杆。

可持续增长需要认真考虑各种经济资源及社会资源的承受能力，不能为所欲为地任意提高增长速度，这就是一些国家为什么在经济高速增长期却爆发各种社会危机的原因。我国一些地区经济发展速度很快，但社会矛盾却很尖锐，就是脱离客观实际、盲目追求速度的结果。因此，要做到高质量增长，就必须遵守客观规律，坚守科学发展观，量力而行，保证经济平稳可持续发展。

六、高质量增长是和谐增长

经济增长的最终目的是造福于人民，提高各个群体的人民的福祉，如果经济增长没有达到这个目的，甚至造成了各个社会群体之间的对立，那么这种经济增长就是以社会动荡为基础的经济增长，我们需要的显然不是这种经济增长，高质量增长是社会和谐性增长。

社会和谐性增长要求在经济增长中每个社会群体的福祉都能随着增长而增长，虽然各个社会群体的福祉增长水平有所不同，但必须有应有的增长。"大锅饭"没有前途，但过度福祉分化也会形成社会的不稳定。因此，为了保证各个社会群体的福祉能够随着经济增长而有所增长，就必须实行良好的税收制度与社会保障制度，实现初次分配强调效率，再分配更加注重公平的有效社会财富调节机制。

在市场经济条件下，人们因为自身的天赋（聪明程度、身体健康状况等）、家庭出身、地缘经济、机遇等原因，会在经济增长中有不同程度的利益收益，有时甚至同样的付出也会有不同的利益收益,因而社会必须要建立完善的基本保障制度,不能让任何成员因任何原因而落入贫困。消灭贫困是和谐性增长的底线,只要消灭贫困,社会就会保持应有的和谐。因此,消除贫困是和谐性经济增长的长期举措。

宏观经济趋势:风险点与新增长点[①]

现在讨论中国宏观经济趋势,不能不涉及党的十九大,因为党的十九大对中国目前时代的特征做了一些判断,提出中国进入了一个新的时代,这个新时代就是强起来的时代。

按照决策层的共识,我们经历了站起来的时代——毛泽东时代;经历了富起来的时代——邓小平时代;现在进入强起来的时代——习近平新时代。强起来的时代有三个具体的时间节点:第一,2020 年全面实现小康,差不多还有三年时间;第二,2035 年基本实现现代化;第三,2050 年建成现代化强国。所以强起来的时代分为 2020 年、2035 年、2050 年三个节点。

三个时间节点清晰了,怎么样实现强起来? 党的十九大报告讲了五个方面的内容,包括政治方面、经济方面、文化方

① 本文是笔者 2018 年 1 月 20 日在北京大学后 E 论坛上的讲话整理稿,陈乐一教授最后在文字及逻辑的定稿上做了贡献,笔者在这里对整理者及陈乐一教授一并表示感谢!

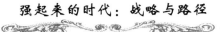

面、社会方面、生态方面。强起来的时代实际上是三个时间节点五个方面的改革，已经不再简单是以经济建设为中心的改革了。

在强起来的时代，经济上怎么办？就是按照新的科学发展观建立现代化经济体系。这是经济上的核心问题。

什么是现代化经济体系？现代化经济体系包括六个方面内容：实体经济、现代金融、技术创新、人力资源、市场经济、全方位开放。这六个方面构成了中国的现代化经济体系，因此党的十九大之后经济上就要按照这个安排来推进。

下面仅从宏观经济的角度，讨论以下三方面问题。

一、现代金融及金融风险防范

党的十九大报告在对现代金融的论述中，仍然强调继续推进金融体制改革。因为我们现在的金融活动离现代金融还有很大的差距，所以要继续推动现代金融体制的改革。怎么推动改革？从五大方面着力。

第一，银行改革。银行改革还没有完成，继续推动银行改革，比如利率市场化、股份制银行、放开民营银行等。

第二，继续放开非银行金融机构。因为以银行融资为主的体制，社会杠杆率会很高。只有放开非银行金融机构才能普遍降低社会的杠杆率，像各类投资公司、各类基金、各类保险公司等要继续放开。

第三，外汇改革。我们还没有完成外汇改革的任务，原来提出的利率市场化、汇率市场化这些任务都没有完成。尤其是人民币的可自由兑换更没有完成。

第四，资本市场改革。资本市场改革任务还没有完成，比如说我们提出来的建立多层次的资本市场还没有建立起来，再比如说上市要从审核制变成注册制也没有完成。所以资本市场改革仍然是金融改革的重要内容，要继续推动。

第五，放开金融服务业。党的十九大给放开金融服务业定的任务很重，就是要让外资进入中国的金融机构不再受控股20%的限制。外资进入银行、信托、基金、期货等，可以达到控股51%，就是可以绝对控股，而且绝对控股运作5年之后还可以取消上限，要全方位放开中国的金融，这项改革仍然需要持续进行。

但是，党的十九大报告在讨论现代金融时，非常注重防范金融风险。防范金融风险是党的十九大报告里对现代金融讨论最多的一个问题，强调绝不能爆发系统性金融风险。

这里值得注意的是，决策层对未来中国风险的判断已经发生了重大变化。过去我们一直认为风险来自增长，增长一降可能就出问题，所以，一直提保增长、稳增长。但是从2016年开始，决策层对风险的判断发生了变化，认为中国未来风险不在增长方面，主要在金融方面。所以逐渐调整风险判断的重点，最终确定了我们未来风险的主要爆发点是金融，所以提出要防范金融风险。

2016年，开始讨论不能爆发区域性、系统性的金融风险。

党的十九大报告把区域性去掉了,改成绝不能爆发系统性金融风险。这成了未来工作的指导方针,未来中国的重要问题就是绝不能爆发系统性金融风险。防范金融风险成了2018年之后三五年内,决策层在整个宏观经济层面上的主要任务,应该怎样防范? 从世界的经验和教训来看,金融风险往往在五个方面爆发,中国决策层防范金融风险也提出了五大对策。

1. 抑制资产泡沫

为什么要抑制生产泡沫,因为不少国家的金融风险是由于资产泡沫破灭而引起的。什么叫作资产泡沫? 就是指资产价格涨得太快了。中国统计资产价格只统计两种:一个是股票价格;另一个是房价。因而从理论上讲,抑制资产泡沫既包括股市,也包括房市,但这次中央提出来的抑制资产泡沫不是指股市,而是指房市。因为从目前分析来看,中国在未来三五年内股价不可能涨太快,不会出现大起大落,尤其不会出现泡沫。主要有三个原因:第一个原因,就是现在的证券监管部门已经把监管作为第一要务,对于内部交易、买壳卖壳等行为极为关注,再加之大数据,监管部门对哪一只股票的价格在什么地方出现异常波动,随时可以发现,而且中央这一次已经决定,要对少数控制与建立金融王国的人调查。对少数建立金融王国的人要严格控制这个提法是第一次。所以这种条件下,我们估计股价涨太多的可能性基本不大。第二个原因,就是现在的证券监管部门对场外配资非常关注,中国股灾发生都是因为场外配资引起的。2016年跃跃欲试进入的资本就是保险资金,引发了一些风波,处分了几家保险公司。现在保险资金可以入市,但是必须坚持两个原则:一是价值投资,你只能搞价值投资不能控股上市公司,不能随便调整上市公司领导班子;二是长期投资,不能今天进、明天出。第三个原因,就是现在的 IPO 速度很快。最快一个星期上十家新公司,一般是每个星期上四家左右新公司,这么多的新股上市,把股价拉很高的可能性不是很大。在 IPO 进行的条件下,股价只能是慢牛,缓慢上升。

基于这三个原因,我们判断未来的股价基本上是一个慢牛,缓慢上升,所以抑制资产泡沫的重点不是股市而是房市,要防止房地产的泡沫破灭,引爆金融风险。

现在决策层对房地产极其担忧,担忧房地产是未来中国的"黑天鹅"事件,对房地产泡沫的警惕性非常高,所以这次抑制资产泡沫重点是房地产。对房地产泡沫监管主要关注一组数据,就是住房供给与刚性需求的关系。如果住房供给过多,超过刚性需求了,比如说平均每家五套房,泡沫就破了。李嘉诚先生讲的一句话很对:"中国大陆如果继续盲目地盖房子,十年之后中国房子根本不值钱。"

房子的特殊性质决定了可能经常出现住房供给超过刚性需求。因为房子有居住功能,就必然引发另外两个属性:一个是金融属性,另一个是投资属性。这两种属性必然引发两种需求:一个是投资性需求,另一个是投机性需求。所谓投资性需求即是买房子为了收房租,投机性需求就是为了炒房价,两种需求拉动的住房供给,就一定会超过刚性需求而形成泡沫。

一旦住房供给过多，超过刚性需求，泡沫就被刺破了。

日本房地产泡沫破灭就是这个原因。日本房地产泡沫形成于1985年，1990年被刺破，就是因为住房供给过多，超过了刚性需求。日本为什么在1985年形成房地产泡沫？三个原因：第一个原因，就是1985年日本完成了工业化与城市化，大家一下子不知道投资什么了，这个时候银行就找有钱人，说你们买房、买地，买地之后抵押给银行，我按照你们的抵押数量放贷70%，你们还可以继续投资。这些有钱人买房、买地，抵押给银行，不是为了刚性需求，而是为了投资和投机性需求，这种需求拉动了住房供给，最终超过刚性需求。这是一个原因。第二个原因，就是1985年美国要剪日本的羊毛，迫使日本政府签署了《广场协议》，《广场协议》里关键的一条就是日本政府承诺"未来五年内日元每年升值5%"。这一条规定导致大量外资涌进日本，因为外资在日本什么都不干就有5%的回报。但外资到日本后发现也没有什么好投资的，结果也是买房、买地，外资买房、买地不是为了刚性需求，而是投资与投机性需求，最后迫使住房供给超过刚性需求。第三个原因，1985年日本修改了建筑法，日本原建筑法规定旧房子以维修为主，不能炸掉盖新房子，但建筑法修改后，规定可以把旧房子炸掉，盖新房子。这一下子就导致住房出现大规模供给。过去房子一层，现在炸掉盖80层，供给规模大大增加。

1989年3月，日本精英害怕了。他们建议日本政府赶快紧缩，日本政府在1989年6月开始紧缩，没想到先把股市泡沫给刺破了，导致上市公司大面积亏损，上市公司为了弥补亏损，大量卖不动产。同时，外资也开始抛售房子，因为1990年《广场协议》到期了。紧接着，日本在1989年10月，又出台了一个房价税，就是房多的个人要交税，这一下导致房多的个人也赶快卖房子。三大力量同时向市场抛售房子，泡沫就刺破了。

所以，这就是中国为什么对房地产税这么谨慎。中国泡沫被刺破的后果比日本可怕多了，因为中国人财富的63%表现在房产上。同时，现有信用关系都是建立在现有房地产价格上的，一旦房价大跌，整个信用关系就会崩溃。所以现在很为难，这个泡沫不能继续吹大，也不能现在刺破。如果继续吹大，未来很麻烦，现在刺破也很麻烦。所以抑制资产泡沫，抑制的意思就是不能现在刺破，但是也不能继续吹大。

对于房地产泡沫，我们提出中短期对策与长效机制相结合，就是既要推出中短期政策也要陆续推出长效机制。

中短期对策就是两条：第一条，严格限制投资性需求与投机性需求。就是我们讲的限购限贷，一线城市每家买两套，这是刚性需求，再买就是投机性需求了，要严格限购限贷。第二条，就是约束开发商的行为，就是不能继续盖房子了。怎么样约束？一条对策就是控制开发商的融资通道。你可以盖，必须拿你的钱盖，不能拿银行的钱盖。2018年将更加严厉，无论银行借债还是发债券都会严格控制。另外一个约束行为就是控制新房价，现在房价上市都要政府审批，地价高于房价，你还盖不盖？这个现象已经产生了。

另外，2018年将推出长效机制。租售同权、共有产权、房地产税以及调整一线城市的空间布局等，都叫长效机制，2018年将陆续推出。租房子，孩子一样可以上学，学区房就没有意义了。房地产税的问题已经明确提出来，收税标准按照现有价值征税，不是按照原来买房子的价格，这是一个信号。虽然这个税没有三五年出不来，但只要定下来进入立法程序，效果就出来了，人们知道不能持有太多的房子了。

长效机制中还有一个就是调整一线城市的空间布局。所谓的雄安新区是要调整北京发展的空间布局。北京如果继续这样集聚资源的话，最后的结果就是大城市病。2010年讨论过北京要不要迁都，2017年3月决定不迁都，迁北京非首都功能。什么是非首都功能？首都功能有四件事：一是政治中心，二是国际交往中心，三是文化中心，四是科学创新中心。四条都叫首都功能，除此之外都叫非首都功能，就要搬向雄安新区，比如说经济中心不是首都功能，所以一些企业要搬走，总部经济要搬到雄安新区。中国强调核心意识、看齐意识，企业早迁比晚迁可能好一点，因为还有一点优惠。教育中心不是首都功能。北京市正式宣布，北京不再批任何民办性大学，现有大学严格限制招生规模，逼着你走，因为高校一旦走向市场，没有规模效应是不行的。当然清华、北大可能不会迁，但是一寸土地都不给了，不能在北京扩大规模了。清华、北大校园里面盖楼都很艰难，拆一座盖一座。金融中心不是首都功能，这么多金融机构放在北京干什么？医疗不是首都功能，北京办这么好的医院，结果看病的85%是外地人，你把它办在北京干什么，得迁。所以，非首都功能都将转向雄安新区。

上海、深圳、广州，一样也得分解某些功能。哪里承载上海的某些功能？最近提出了宁沪杭大湾区。笔者估计别的一线城市可能和北京的雄安一样。北京是不发达地区承载北京非首都功能，一箭双雕，既分散了北京非首都功能又让不发达地区发达起来。笔者估计别的一线城市分解功能的区域一定是经济不太发达的地区，广东提出来了粤港澳大湾区。关键是向什么地方去，是粤东还是粤西，这需要讨论。

中短期对策与长效机制开始起作用了，例如2017年至今北京房价降了20%左右，实际交易价格确实大幅下跌了。一千万元左右的房子有流动性，三四千万元的房子基本没有流动性了。人们会算账，三千万元的房子你买来干什么，三千万元得有多大的房产税，所以北京只要上三千万元基本上就没有流动性了，人们越来越明白这个道理，所以大家注意，房地产投资可要谨慎了。

最近住建部已经提出来了，土地供给将多元化。土地供给多元化告诉你，有些地方的土地不可能长久短缺了，像农民的宅基地，整理之后可以三权分立，土地可以供给出来，所以笔者估计2018年长效机制将会陆续见效，房地产作为投资回报非常高的产业的黄金期已经过了。

中央坚定抑制资产泡沫的政策是不会松动的，因为害怕引爆金融风险，一旦引爆金融风险，我们整个经济会倒退5年到10年，所以这次防范金融风险第一条对策就是抑制资产泡沫，当然不是指股市，而是指房市。

2. 稳住外汇

为什么要稳住外汇？因为许多国家金融风险的爆发是外汇引起的。如何稳住外汇？从 2016 年 11 月开始到现在，国家陆续推出了三大对策来稳住外汇。

第一个对策就是外汇改革已经放开了的项目要继续坚持，没有放开的就暂时停止。

对于个人来讲，有三大海外投资已经正式宣布停止了：一是海外不动产投资，实际上不动产投资从来没有放，过去灰色地带，资金来源都不正常，要么是地下钱庄，要么是虚假贸易账户，要么是有人带出去的，现在正式宣布停止了。二是海外证券投资。我们曾经讨论要不要放开在美国市场买股票，现在暂时停止了。三是海外的投资类保险现在宣布停止了，消费类保险是放开的，想买美国的医疗保险没有问题，因为消费是放开的，但从 2016 年年底开始，在海外，银行卡不能刷投资保险类了。三项个人海外投资正式宣布暂时停止，而且收紧的力度越来越大。2017 年 8 月 21 日起，在海外刷银行卡单笔消费超过 1000 元人民币的，连续刷一个月以上的，有关方面就要向外汇管理部门报告，就会立案查一下是正常消费还是转移资金偷逃外汇。2018 年年初又推出银行卡海外提现，一年一个人最多就是 10 万元。

当然这个背后还有一个别的原因，就是我们希望未来的产油国卖石油的时候可以用人民币结算。之前美国控制世界，所有产油国卖石油必须美元结算，只有拿美元才能买石油，所以买石油的国家必须先弄到美元，给你美元是有利息的,盘剥了你一把,美国第二次世界大战之后控制世界的一个重要手段就是美元石油机制,中东的产油国,谁想摆脱美元,美国就收拾谁。

现在中国开始提出来了,石油可以用人民币结算,因为与俄罗斯的交易先变成了人民币结算,中国能源大部分来自俄罗斯。最近也有一些产油国提出来可以用人民币结算,因为我们已经承诺,一旦石油可以用人民币结算,拿了人民币就可以随意到上海黄金交易所买黄金,人民币就成了硬通货。2018年3月石油期货交易所在上海成立,石油交易用人民币结算,并同时放开上海黄金交易所,有人民币可以随便在上海买黄金。这样一来有利于对美元霸主提出挑战。

第二个对策就是海外并购。凡是技术类并购应继续全面支持,要多少钱给多少钱,但是非技术类并购需要严格审查,像海外搞房地产投资、收购酒店、收购影院、收购足球队俱乐部等。审查的意思就是这类并购不能干了,因为外汇不能消耗在这个方向,管制越来越严厉。最近许多海外的投资开始抛售项目,因为政策变了,只支持技术类投资。2018年年初,发改委正式宣布禁止六大非技术类投资。

第三个对策,"一带一路"投资使用人民币,不再使用外汇,因为"一带一路"投资项目中就是投资主导方,有权决定用什么币种投资。

现在"一带一路"沿线69个国家和地区已经宣布人民币是他们的外汇储备了,欧洲央行已经收过来了相当于5亿欧元人民币作为外汇储备,最近德国、法国央行宣布将收购人民币作为外汇储备,不少国家也已经开始使用人民币。例如,在斯里兰卡中餐馆吃饭可以扫微信了;俄罗斯石油交易用人民币和卢布结算,结算的比例决定的标准不再是美元而是黄金。实际上我国一直在推进人民币国际化,减少外汇储备消耗,一旦人民币成为外汇储备的话,标志着中国摆脱了外汇对中国经济的影响与约束,尤其是中国要在世界上拥有金融话语权。

稳住外汇的办法大致上就是以上三条,目前已经开始全面实施而且效果不错。外汇基本上稳住了,人民币没有出现持续贬值,保持在 1∶6.5 左右,我们不希望继续升值,升值不利于我们继续出口,最希望就是保持在 1∶6.5 左右,所以汇价已经稳住了。另外,外汇储备量也已经连续 12 个月增加,所以,笔者估计外汇引发金融风险的可能性大幅度减少,2018 年防范金融风险的重点不是外汇了,但是不会松动,还会坚持这个原则。因为 2018 年三件事情可能影响我们:一个是美元加息,宣布要加三次息;另一个是特朗普的减税,减税跟加息可能影响到外汇;还有一个是中美贸易战。但是影响可能有限,特朗普以为一减税美国公司会撤回去,苹果能撤吗?一旦回美国生产再进入中国关税多高,比减税成本还高,只能在中国生产,资本不能撤回去了。

所以,外汇引发金融风险的可能性实际上大幅度减少了,2018 年外汇已经不是重点,但也不会松动,因为从防患于未然来讲,要基本上维持现状。

3. 稳住债务

为什么要稳住债务,因为许多国家的金融风险是债务引起的,比如说 2008 年年底爆发的美国金融危机,就是次贷危机引起的。

怎么样稳住债务? 债务分三种:第一种是个人债务。笔者原来以为中国个人负债率不高,因为中国人一般不会负债消费,偏爱储蓄。但党的十九大开会期间,央行行长周小川在会上发言,提出要警惕个人债务上涨太快的问题。笔者发现,2015 年我们个人负债率是 GDP 的 30%,2016 年我们个人负债率是 GDP 的 45%,一年上涨了 15 个百分点,2017 年我们的 GDP 总量是 82 万亿元,估计个人负债率增长速度比 2016 年有所回落,但是可能增长率还在 10 个百分点左右,那就是 2017 年我们个人负债率可能是 GDP 总量的 50% 多,上升率还是太高。2018 年的提法是防止个人债务的上涨速度过快。因为个人负债率太高是个人房贷引起的,所以 2018 年个人贷款基本上还是从严控制。

第二种是企业债务。企业债务现在主要是国有企业负债率太高了,国有企业负债率远远超过了警戒线,所以我们 2018 年去杠杆的重点是国有企业,大幅度降低国有企业负债率。最近三件事反映了决策层降低国有企业负债率的决心。第一件事就是联通混改。联通混改首要的成绩是把联通负债率降下来了,但是以国家丧失对联通的控股权而实现的,国家用丧失控股权的办法降低负债率,可见这个决心之大。联通是一个样板,说明这个降负债率的态度非常坚定。第二件事

情就是东北特钢。东北特钢破产重组完成，中国第一次打破了国有企业负债率刚性兑付的原则，这件事就是告诉社会，给国有企业借钱也有可能还不回来，国家已经放弃国有企业债务的刚性兑付。第三件事是国家最近决定拿优质资产搞债转股，例如高铁拿出一些来搞债转股。京沪高铁已经开始赚钱，准备拿出来搞债转股，用优质资产把负债率降下来。这三件事充分反映了决策层降国企杠杆的决心。

第三种是政府债务。中央政府负债率不高，因为中央一直坚持一个原则，每年赤字数量不超过当年 GDP 总量的 3%。地方政府主要是潜在债务太高了，过去地方政府负债搞一个融资平台，办一个国有企业，把土地高速路装进去用它融资，这个融资表现的就是企业债务，实际上是政府债务。2015 年开始改革，不让用这种办法。2016 年开始，地方政府创造了两种增加潜在债务的办法：一是 PPP 项目，盲目搞 PPP 项目，政府担保企业借债，PPP 绝大部分是公共产品，没有短期回报，最后都要靠政府回购，所以是政府潜在债务。2016 年到 2017 年地方政府 PPP 项目增加潜在债务四万多亿元。二是地方政府搞产业引导基金，产业引导基金可以搞，但要拿财政的钱做，结果地方政府没有钱，只能向银行贷款，政府担保让银行给这些企业贷款，这实际上是政府债务表现为企业债务，是政府潜在债务。这种产业引导基金 2016 年到 2017 年两年增长了一万多亿元。PPP 和产业引导基金引发的地方潜在债务增加了六万多亿元。

2008 年刺激经济稳增长时是四万亿元，现在不到两年的时间地方政府增加了六万亿元，这个数字太可怕了，所以中央已经下决心解决地方政府潜在债务的问题，2018年是重点，严查PPP项目和产业引导基金。叫停包头的地铁项目、呼和浩特新机场项目，等等，就从会议记录查起，谁怎么说的、谁签的字都要严查。最近一个提法叫终身追索责任，过去当市委书记时借的一大堆债，人走了没有事了，但现在要终身追究责任。包头地铁项目和一大批机场项目叫停反映了一个动态，就是中国的基础设施建设差不多到顶了，中国的基础设施建设投资到2020年达到高峰，2020年以后逐渐回落，中国不能永远搞基础设施建设。

2018年防范金融风险的重点是稳住债务，稳住以上三种债务的有关对策都将陆续出台。

最近有两件事很奇怪：一是国际评级机构下调了中国的信用等级；二是世界银行调高了中国经济增长的速度。一个好一个坏，有人说这是阴谋论。其实不是，现在国有企业负债率这么高，最后让国家兜底，地方潜在的债务这么高最后也是国家兜底，因为中国是中央集权国家，这两个债务这么高，标志着国家信用比较低，所以下调了我们的信用等级。世界银行把我们经济增长速度调高了，恰恰提醒我国是繁荣中的风险，这比完全的风险更加可怕。所以笔者估计2018年中央政府将把防范金融风险的重点放在稳住债务上面。

4. 治理金融乱象

不少国家的金融风险是金融乱象引起的，因而防范金融

风险要治理金融乱象。现在金融乱象有两类：一个是改革引起的，改革方案是对的，但是配套设施没有跟上。比如说银行改革，这几年给银行放的权力更大了，但是相关规则没有跟上，所以出现了一系列乱象。

银监会最近连发了三个文件。比如说重新审查银行股东，不能借钱买股权，这个是原则，借钱买了银行股权的这种假股东要严查。银行搞的委托贷款，这个钱在金融领域可能转好几圈才到实体，增加了实体成本。这个权力给银行是对的，结果没有相关的配套措施，所以出了问题。

再比如说前几年我们做的一项改革，放开非银行机构，包括各种投资公司、基金、保险公司等，这个放开是对的，但是配套措施没有跟上，比如放开了投资公司，结果没有准入条件，谁都可以办投资公司，最近线上这么多的投资公司出事，线下上海、北京都是重灾区。这些投资公司的商业模式不能维系，给投资者回报率都在20%到30%以上，现在干什么事有这么高的回报？这种商业模式无法维系。投资公司放开是对的，但相关规则没有跟上。

再一个例子是各类基金，有人自己没有钱把银行的外委资金拿来作为自己的基金就有问题了，2017年四五月股市大跌就是因为银行清理外委基金。还有一个例子就是各类保险公司，有人从银行借钱变成自己的所谓资本金投资于保险公司，而且虚假注资，向银行借钱到海外买非常高档的酒店，然后作为资本入注自己保险公司。笔者估计2018年要陆续解决这些问题。

另外一个乱象是新技术引起的，新技术产生进入金融领域，到底是所谓的乱象还是方向，一下子搞不清楚，值得看一下，结果一看就出现了乱象。新技术进入金融主要有两个：一个是互联网技术，另一个是区块链技术。互联网技术进入金融产生了互联网金融，本来互联网在金融中起到的是促进信息对称与搓合的功能，但有些互联网金融公司虽做的是金融的事，但没有牌照，而且不受监管，结果出了事，因而要逐渐清理。再比如说区块链技术进入金融领域，产生了首次币发行（Initial Coin Offermg，ICO）、产生了比特币，2016 年 8 月中关村产生了 100 多个国家 ICO 公司，拿到了募集资金，募集到一个数字货币，这个数字货币可以网上交易，结果产生大量的 ICO 公司，这个公司的未来方向是否有问题，谁都说不清楚。区块链进入金融之后改变的到底是不是金融的本质，我们没搞清楚，如果区块链技术改变了金融本质另当别论，如果这个区块链没有改变金融本质，金融的本质是风险与收益分析，这个本质如果没有改变的话，就产生一个原则，用别人钱都得被监管，你没有被监管说明你有问题。

ICO 没有在中国引发太大的问题，但是一定还会产生什么"O"，因为不断有人干这个事，我们谁也不清楚这个是不是方向。像区块链，无中心的有序化就是区块链技术的特征。金融无中心就是不要央行了，个人也可以发货币，这个问题有一个重要原则就是联合国规定只有主权国家才能发货币，这个规则是不是作废了？如果这个规则没有作废，比特币就是违法的，只要这个原则在就不能讨论。笔者不是否定区块链

技术,区块链技术没有问题,只是进入金融之后是不是改变了金融本质,这个我们要研究。在只有主权国家才能发货币的这个原则没有改变之前,比特币就不是币,是高科技游戏。同时,国家法定数字货币也不是比特币,这是国家发的货币。

5. 控制好货币政策与宏观审慎政策

我们第一次把宏观审慎政策写入党的十九大报告,提出货币政策、宏观审慎政策双支撑点。防范金融风险就是要控制好这两个支撑点。

首先是货币政策,货币政策将从宽松的货币政策转向稳健的货币政策,这是货币政策的基本指导思想。2000 年以来,我们基本上采用的是宽松的货币政策,一百多万亿元的货币十几年就发出来了,如果继续宽松下去的话,总有一天会引爆金融风险。所以转向稳健,2017 年真转了。2017 年金融工作会议习近平总书记到场,这个会议五年开一次,一开管五年。会上习近平总书记亲自提出来必须坚定不移执行稳健的货币政策,党的十九大报告再一次强调必须坚定不移地执行稳健的货币政策,决策层下决心了,所以有人开始卖资产了。高负债高增长的模式需要宽松的货币政策,一旦转向稳健的货币政策,高负债高增长模式运转不了了,谁卖得越早谁越有利。可能未来几年里"资金荒"的现象都会存在,大家一定要调整未来发展战略才行,那种高负债高增长模式别想了。

其次是宏观审慎政策,这个政策我们第一次写进党的十九大报告。宏观审慎政策实际上是这样两件事,一个是防范顺周期时候形成的高杠杆引发金融风险的可能性，要把它消灭在萌芽状态。顺周期的时候永远潜伏着危机的可能性，叫顺周期去杠杆理论，因为顺周期时人们没有风险意识，往往盲目扩张、盲目加杠杆。我们顺周期40年了，1978年到2018年整整40年，高速增长的40年，一直很顺利，顺周期的时候谁也没有风险意识，都在盲目扩张、盲目加杠杆、盲目发展，谁也没有风险意识。我们现在很担心这个顺周期理论在中国爆发，笔者估计2018年将出台一系列的政策，比如说很多重要产业的资本金制度要严格规定，像商业银行资本金比例最低不能低于8%，等等。

另一个是防止市场之间得传染病，因为市场之间得了传染病，就会引发金融风险，所以要在市场之间打隔离，不能出现传染病。一个市场生病很容易传导到另外一个市场，我们现在准备给市场打一个隔离，你生病不能传染给别人。比如说房地产市场出现问题，房价暴跌影响了金融机构与实业，2018年开始准备给房地产市场打隔离，所以2018年房子抵押、土地抵押会出现新规定，银行很快就要发布相关的规定了。还有资本市场也要打隔离，比如股权股票质押，现在新规定是大股东股票质押的上限是60%，并对不同股东质押数量做了不同规定，有的不能超过30%，有的不能超过15%。

货币政策可能管不了的风险，宏观审慎政策可以管，所以要控制好货币政策跟宏观审慎政策。

2018年希望大家不要用过去的思维方式，中国真的要改变了。

总体来讲,目前中国防范金融风险的主要对策就是上述这五条,这五个方面真的全面出击的话,金融风险爆发的可能性将很小。西方有人认为,中国近期将爆发金融风险,这个判断可能会落空。中国只要决策层清醒,资源配置能力还是很强的。

二、实体经济与新增长点

现代化经济体系的第二个组成部分就是实体经济,党的十九大报告中提到,实体经济是中国经济的基础和脊柱,对发展实体经济做了许多论述。大致上,2018 年实体经济主要做以下两件事。

1. 继续推动供给侧结构性改革

供给侧结构性改革,即所谓的"三去一降一补",去产能、去库存、去杠杆、降成本、补短板。2018 年重点将是"三去一降一补"的"降",就是降成本,因为"三去"在 2017 年做了不少工作。

怎么降呢? 一个是人力资源成本,另一个是制度成本。人力资源成本没有办法降,因为我们劳动力已经严重短缺了。"80 后""90 后"很有意思,你给他的工资达不到标准,宁肯失业也不干活,劳动力成本很难降低,笔者估计仍然是上升的过程。所以降成本只能降制度成本。

怎么样降？中国制度成本包括以下五个方面。

第一，税费明显偏高。我们国家是以间接税为主的国家，就是行为税，只要有行为就得交税，所以我们税费很高。中国要从间接税为主转到直接税为主，所以开始搞营改增，未来的税收就是所得税，赚了钱再交税。2017年国务院取消营业税，据统计企业减税6300亿元，但是企业反映没有减，而且不仅没有减还增加了。

最近国务院提出，干脆不要搞那么复杂了，直接按照行业来规定应该减多少税。减税在2018年是重点，到2020年中国基本实现从间接税转向直接税。长期来看方向是对的。

第二个组成部分就是企业现在缴的"三险一金"或者"五险一金"。中国的"三险一金"跟"五险一金"偏高，我们现在差不多比世界平均水平高1倍，这个如果真降下来对企业增加赢利是有意义的。

第三个制度成本，就是租金太高了。我们改革土地制度，雄安新区重点土地制度改革最终实现降低租金，这也是2018年要做的一件重要的事情。

第四个组成部分就是融资成本仍然偏高，实体经济并没有按照公布利息拿到融资，三转两转最后成本很高，像欧盟国家、日本都是负利率国家，复星为什么海外收购保险公司，重要原因就是能解决融资成本高的问题。所以对于海外金融机构的收购，中国政府是容忍的，因为确实可以降低民营企业融资成本。最近中国对外开放金融市场，外资可以控股我们金融机构51%的股权，实际上就是想让外资进入中国的金融服

务业,彻底改造和推动中国金融服务业的变革,降低融资成本。

第五个是企业商事费用太高。很多政府不审批了,把权利交给中介机构,中介机构很黑,乱要价。过去送一点钱事情就给你办了,现在钱也不要了,事也不办了,实际更难了。我们反腐败没有把权力交出来,权力没有交出来不腐败更麻烦,只有权力交出来反腐败才有意义。所以 2018 年国务院的政府机构可能要做重大调整,降低企业的商事费用。

降制度成本大致就是以上这五个方面。有人算了一下,如果制度成本降 30%,70% 的中小企业可以亏损转向赢利,如果降 50%,所有实体经济都能够从亏损转向赢利。

2. 调整实体经济的结构,重点是支柱性产业的调整

所谓支柱性产业就是增长贡献排在前几位的产业。过去支柱性产业有两个:一个是传统制造业,传统制造业现在产能严重过剩。所以,供给侧结构性改革的重点是去产能,去产能的提出标志着传统制造业已经担当不了支柱性产业的职责。另一个支柱性产业就是房地产产业。过去 20 年,每年新增长部分的 20% 大多来自房地产产业,但是房地产产业现在泡沫正在形成,所以对于这个产业的提法就是抑制资产泡沫。抑制资产泡沫的提出标志着这个产业也不能继续作为支柱性产业。

未来,我们的支柱性产业是什么?现在基本上形成了共识,就是战略性新兴产业、服务业、现代制造业。

（1）战略性新兴产业

第一个叫战略性新兴产业,要大力发展战略性新兴产业。怎么样发展？目前决策层把战略性新兴产业定为八个要点。

第一,新能源。新能源属于战略性新兴产业的范畴,传统能源就是化石燃料,比如煤炭、天然气、石油等,新能源是非化石燃料,包括水能、生物能、地能、风能、太阳能、核能。中国所讲的新能源包括这六个。未来十年世界将爆发一场能源革命,就是新能源代替传统能源的过程。中国在新能源领域有很多可以作为。地能代替空调的技术已经突破了,最近国务院正式宣布,雄安新区的空调将使用地能,所以新能源技术突破很快。核能方面,中国是世界上率先完成两代技术的三个国家之一,第三代技术解决安全问题,第四代技术解决核废料问题。现在我们的华能一号核发电机组,一台发电机组可以卖三亿元,相当于出口 30 万辆汽车的收益,为什么中国出口 2017 年大幅度增长,因为出口的东西变了。国务院正式提出,2030 年核发电量占到当年发电总量的 32%。

新能源是战略性新兴产业的重要组成部分,选择投资方向时一定要关注这个问题,好多技术都是一夜之间突破,所以新能源是我们第一个要点。

第二,新材料。未来很多产业提升是靠材料变革实现的。习近平主席 2015 年出访英国的时候专门看了石墨烯实验室,石墨烯材料能够极大地提高电池的性能和耐久力。中国发动机搞不出来就是材料的原因,飞机发动机一旦不停运转几十个小时,轴承上面磨损就很厉害。现在世界上新材料领先的

是英国,石墨烯材料、超薄材料都是英国人发明的技术。

第三,生命工程。这个方面美国站在世界前沿,世界进步非常之快,未来美国可能攻克癌症。生命生物工程未来需求非常大,值得关注。

第四,信息技术和移动互联网。中国目前在这个要点上的投资集中在两个方向:一个是硬件的投资,过去芯片我们搞不出来,我们国家进口芯片跟进口石油的钱是一样的,高通赚了我们不少钱。最近中国芯片研发技术快要完成了,一旦完成市场价值就很大。另一个是对路由器的投资,现在华为、浪潮都是我们国家生产路由器的主要企业,基本上算世界老大了,路由器是移动互联网的重要元部件,它在信息终端使用方面投资量很大。

第五,节能环保。中国环境方面的事情就是对工业化与城市化负面东西的治理,废气、废水和固体垃圾的处理,这些都要靠技术。废水处理,我们国家每年有几万亿元的市场价值,我们能处理一般生活废水,碰到化工废水就没有办法,碰到医院废水也没有办法,偷偷地排到地下面,结果整个土地中毒了。未来必须解决的问题,是要靠技术、靠产业化完成的,转向企业化的方式。

第六,新能源汽车。传统能源汽车没有办法解决废气排放,而汽车废气排放又是最重要的大气污染源,所以要大力发展新能源汽车,例如电动汽车。电动汽车方面特斯拉还处在领先地位,但特斯拉在美国的日子很难过,因为美国汽车协会恨不得卡死他,特斯拉一旦成功,传统能源汽车公司就衰亡了。

第七，人工智能。人类社会首先实现的是移动互联网，然后才是人工智能。人工智能以移动互联网为基础，人工智能重要的元部件就是传感器，现在在传感器领域，日本是世界第一，中国已经认识到这个问题。最近国务院正式宣布四大民营企业要成为中国人工智能未来发展的实验平台，阿里巴巴主要搞智慧城市，腾讯则是医疗影像人工智能实验平台，无人驾驶汽车实验平台定为百度，科大迅飞则是语音智能开放创新平台。

第八，高端装备制造。例如，很多医疗设备现在我们搞不出来。

总体来讲，未来带动中国发展的战略性支柱产业就是这八大战略性新兴产业。有人测算战略支撑产业一旦发展起来，每年给我们提供的经济总量将达到40万亿元以上，40万亿元是什么概念呢？我们2017年总量是82万亿元，一个产业提供40万亿元，真的是支柱性产业。

最近的新提法叫作新工业经济时代，就是指战略性新兴产业对所有工业部门提出了挑战，要求所有工业部门都变革，这个时代是新工业经济时代，我们要适应这个时代才可以。

（2）服务业

未来中国发展的第二个支柱性产业就是服务业。我们经济结构处于低端阶段时强调工业立省，但是一旦转向中高端，服务业自然就成了支柱性产业。美国现在每年新增长部分的70%是服务业提供的，中国2017年最大的一个成就就是服务

业的比重大幅度提高了，服务业让消费的贡献超过了投资，这是一个好事情。服务业分为以下四大类。

第一，消费服务业。

消费服务业包括六个组成部分：一是餐饮与商贸；二是医疗与健康；三是养老消费服务；四是儿童消费服务；五是家政消费服务；六是交通与信息消费服务。这六个部分统称消费服务业。

中国消费服务业有巨大的发展前景，2018年国务院改革的重要内容之一就是放开社会资本全面进入消费服务业，比如说像养老消费服务业，要全面放开了。养老保障跟消费服务业不是一回事，养老保障是讨论政府的作用，养老消费服务业是一种服务业。日本1997年进入老龄化社会没有产生重大问题，就是因为养老消费服务业非常发达。养老消费服务业是一个技术活，不同于中国养老地产，养老消费服务业团队构建是非常重要的，团队构建是这个服务业基础性的东西。美国人为什么把自己金融财富的1/3放在养老机构里面是有原因的，因为最终的结果就是老年养老，这种产业必须走向产业化，没有办法搞行政化。下一步我们将放开这些产业，所以国务院正式提出来，彻底放开养老消费服务业，在土地使用、税收等各个方面要实行优惠，支持这种服务业的发展，所以笔者估计，养老消费服务业是很重要的产业。

消费服务业未来将会有很大的前景。最近网上传一件事，五个城市准备率先放开菲佣市场，这就是重要的消费服务业，这个就是家政服务业。还有国际医疗这种服务业，比如说国外医生在大陆可以行医等,消费服务业有很大的前景,建议大家不要小看这种投资。

第二,商务服务业。

商务服务业我们统计上分为五个部分:一是商事服务业;二是机构服务业,像会计师事务所、审计事务所、商务类的律师事务所这种机构服务;三是培训与咨询,培训咨询是重要的商务服务业;四是家庭财产管理服务,家庭财产管理服务未来是一个很大的服务业,许多有钱的人实际上不是企业家,他的财产需要人打理,这个服务业中国逐渐会产生很大的空间;五是园区管理服务,未来政府不再搞产业园区,走向企业化了,企业建立产业园区为入驻企业提供服务,叫作园区管理服务。商务服务业这五个组成部分在中国有很大的发展空间。

第三,生产服务业。

生产服务业就是为生产过程直接提供服务的服务业。2017年公布的统计数据,我们服务业上涨最快的是生产型服务业,生产型服务业包括三个组成部分:一是技术服务,技术服务属于生产服务业范畴。二是设计,比如空调,其他的技术都是一样的,为什么买三菱、格力,因为它的设计发生了变化,出风口声音非常小,这种市场价值是设计带来的。中国综合院系都加大对设计专业的发展。三是外包服务,分工越来越细化,有些人把自己某一个生产过程委托给别人,某一个零部件委托别人,接受委托的就是所谓的外包服务。我们希望中国给世界五百强搞外包服务,深圳许多企业发家自外包,尤其是给世界五百强外包服务中学习,逐渐上升为技术企业了。

第四,精神服务业。

人的享受有两种:一种叫物质享受,另一种叫精神享受。提供物质享受的服务业就是消费服务业,提供精神享受的服务业就是精神服务业,精神服务业现在对 GDP 贡献很大,2017 年精神服务业大概提供的 GDP 约 11 万亿元,差不多占 GDP 的 1/10 了。精神服务业有三大组成部分:第一个就是影视、音乐、戏剧,大家不要小看这种投资,一部电影卖 60 亿元,一个连续剧十几亿元很正常,没有什么大惊小怪的。只要摸清楚人类想要什么,精神上需要什么,摸准一定赚很多。《战狼 2》为什么卖 60 亿元,中国人富起来后很希望别人尊重自己,让中国人有一点自我的感觉,满足了这种感觉,票房价值就很高,因为人们需要这些东西。未来这些东西大家一定注意到,影视、音乐、戏剧方向不要小看。第二个是旅游休闲娱乐。2017 年旅游业贡献很大,达到 50 亿人次。人就是追求短缺,越没有什么越追求什么,饿了想着饱,饱了想着饿,所以那些户外活动基地,有车不开非要自己走就是户外活动,就是追求短缺。第三个是文化出版体育,人民富有之后这个需求增长很快,比如文化,文化是一个民族概念,不同民族有不同的概念,比如说中国书法的文化,中国书法的收藏就是文化。收藏,中国很厉害,但是大部分开始不是因为投资,而是因为爱好,是一种精神享受,这些群体未来会成为人类社会重要的方向。所以精神服务业我们列为四大服务业之一。

总体来讲,服务业大致就包括这样四大类:消费服务业、商务服务业、生产服务业、精神服务业。服务业一旦发展起来，未来将对中国经济增长每年贡献36万亿元以上，所以要大力发展服务业。

（3）现代制造业

未来中国第三个支柱性产业就是现代制造业，现代制造业将上升为中国的支柱性产业。

什么叫作现代制造业？制造业分为传统制造业和现代制造业两种。凡是生产私人产品的都叫传统制造业，吃穿用都是传统制造业。凡是生产公共产品的叫现代制造业。

现代制造业有五个重点。

第一，飞机制造。按照国际分工理论中国不应该搞飞机，空客波音搞得很好，买就可以了，但中国不想接受这个理论。飞机会提升一个大国的综合生产能力，飞机零部件有六百万个以上，六百万个零部件组合在一起绝对可以体现一个国家的综合生产能力。现在中国的商用飞机集团总部在上海，它实际上只干一件事情，就是设计和组装，所有零部件都是分工协作采购完成的。这个蛋糕很大。波音背后有四万家中小企业，有的就是生产小螺钉，中国飞机制造会影响许多相关产业。差不多三年之后，笔者估计我们可以完全进入商用飞行。

第二，高铁装备制造。高铁装备引进的时候有16项核心技术没有转让给我们，中国只好自己干，用了15年的时间把16项核心技术全面突破了，所以习近平总书记说这是一张新名片。中国现在是世界上四大高铁生产商之一，最近中国在

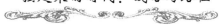

许多竞争中已经占领了优势地位，人们逐渐对中国制造的判断发生了变化。而且高铁装备也是分工协作的，传统制造里的过剩产能只要调整一下生产方向，让过去的生产制造进入现代制造业协作体系，就有可能实现。所以高铁装备列为现代制造业的第二个重点。

第三，核电装备制造。中国未来将重点发展核电，实际上核电装备29%的零部件配套来自民营企业，民营企业原来的路子走不通，选择新路子生命力就会极强，核电装备将成为现代制造业的一个重点。

第四，特高压输变电装备制造。因为中国已经决定用特高压技术改造中国电网，一旦用特高压技术改造中国电网，特高压输变电装备就会有大市场。所谓特高压输变电技术，就是电力传输的高速路，这个技术可以将电能送到五千千米以外，耗电量最低、速度最快。现在这个技术全世界只有中国在开始试用。现在先用这个技术改造七条线路。2017年5月"一带一路"论坛的时候，习近平主席的讲话有一点变动，原来叫基础设施的互联互通，后来加了两通，一个叫作网通，另一个叫电通，电通技术的产生导致了特高压输变电装备制造成为一个问题，结果没想到中国一搞，海外市场就来了。墨西哥、欧盟都开始和中国谈这方面的技术，所以特高压输变电装备成为了重要的一个现代制造业重点。

第五，现代军工制造。中国已经决定不再搞独立国防工业体系，而要走军民融合之路。习近平总书记开了两次军民融合委员会，任何社会资本可以进入现代军工市场。中国现代军工有两个重点：一个是现代船舶制造，中国搞远洋海军的支撑点就是船舶制造。上海、武汉、大连，造船工业一天24小时连班倒都无法应对需求，中国最少有五个航母编队，现代船舶需求量巨大。另一个是航天器制造，航天器就是卫星，所以现在军工的重点就是航天器卫星制造。人类社会进入远程制导阶段，谁控制太空谁就控制了远程制导时代，控制的唯一办法就是卫星。所以北斗星搞起来了，把卫星制造列为重点。航天器生产也是分工协作，北京许多所谓高技术企业就是生产卫星配套的零件，卫星零部件的40%来自民营企业，实际上都是分工协作的结果。

所以中国现代制造业有五个重点：飞机制造、高铁装备制造、核电装备制造、特高压输变电装备制造、现代军工制造。

中国预计2025年到2030年左右将超过美国成为世界上第一大经济主体，这个预计的前提是什么？中国结构调整完成。靠现有产业我们2017年只有82万亿元，只有三个支柱性产业成长起来，才能超过美国成为世界第一大经济主体。中国一旦完成这个结构调整，就真成为世界强国了，现在决策层最关注的是结构调整，反复强调高质量增长。原来两个支柱性产业退下来，现在三个新的支柱产业替补上来，有的人把它叫作"退二进三"。

实体经济按照党的十九大报告主要做两件事情：一个就是继续推进供给侧结构性改革，调整"三去一降一补"；另一个是加大结构调整，让中国实体经济真正成为中国经济脊梁。

三、全方位开放

想讨论的第三个问题就是全方位开放。全球化分为两个阶段：第一个阶段是 1750 年到 1950 年，1750 年到 1950 年人类社会第一次全球化，这个全球化的主导方向是欧洲列强，全球化的方式是殖民，因而亚洲国家基本上都是欧洲列强的殖民地。第二次世界大战结束标志着第一次以殖民方式为特征的全球化结束了。美国是第二次世界大战的主要战胜国，它启动了人类社会第二次全球化。第二个阶段是 1950 年到现在，第二次全球化的主要方式是国际贸易。

中国实际上搭了国际贸易的"便车"，我们是后半场进来的，1978 年改革开放，有很强的比较优势，中国成了主要受益方。你们可以查一下资料，1997 年我们 GDP 总量 7 万多亿元人民币，2017 年 82 万亿元，翻了十几倍；1997 年我们的外汇储备量 1300 多亿元，现在到了 3 万多亿元；1997 年人均月收入几百块钱，现在几千块钱；1997 年基础设施陈旧，高速公路没有几条，现在我们基础设施引领全世界。

中国实际上是这次全球化的主要利益受益方，美国主导方成了受损方了，基础设施陈旧没有钱修，美国率先反全球化，因为他们成了全球化的主要利益受损方了。

几年前笔者去美国的时候跟他们的精英界交流，发现了这个问题，美国开始反全球化了。他们认为，经济全球化的特征就是国际贸易，国际贸易基本原则就是比较优势原则，每个国家都搞生产经济，然后交易，共同享受受益，但是中国进来之后推崇全产业链，没有办法讲比较优势原则了。中国从服装鞋帽开始，之后发展家电，家电之后发展汽车，汽车之后发展移动互联网，移动互联网之后是高铁，高铁之后又要发展飞机，中国的全产业链，破坏了比较优势原则，也破坏了全球化。

特朗普上台拿中国开刀，特朗普上台第一件事是说，中国如果贸易上不让步，为什么要承认一个中国，而且宣布不给中国人拜年了。当然拿中国底线做交易最终没有成，但是特朗普不会罢休，中国主动应战才可以，那就是我们实现了全方位开放，让世界搭中国的"便车"。

中国可以搭的"便车"有两个：一个是巨大的国内市场，13亿多人的市场非常巨大，准备给国外开放中国的市场，2018年上海建立永久性进口贸易博览会和广州出口贸易博览会，向世界开放中国市场，而且马上将大幅度降低三种产品的进口关税，资源类的、技术类的、民生类的，涉及178种关税，都将大幅度降低，以后买奢侈品很便宜，陆虎以后估计20多万元，一旦放开就不值钱了。这么多好东西进来一定会推动中国消费的增长，而且中国模仿能力极强，很快能造出来中国式陆虎，推动中国生产力水平的提高，别人搭我们"便车"，我们继续搭他的"便车"，这样是公平的。另一个就是开放服务业市场，比如金融服务业，外国资本可以控股我们的金融机构，控股比例可以达到51%，绝对控股，而且运行良好五年之后可以解除控股限制，想控股多少控股多少。所以做贸易生意的人注意，未来要琢磨进口怎么样才能赚钱的问题。

另外一个能够搭的"便车"就是我们巨大的过剩资本。"一带一路"实际上是给中国过剩资本找出路，在帮助别人，实际上也是给中国找更大的一个运作空间，所以，让别人搭我们的"便车"就是巨大的过剩资本通过"一带一路""走出去"。

所以全方面开放就是这样两条，一个是开放中国的国内市场，另一个是中国资本走出去，转变成全方位开放。为应对有人对这种所谓全球化的反感，我们主动调整战略，"一带一路"利用中国过剩资本对外投资，到国外寻找更大的发展空间。天津一个企业董事长告诉我说，他本来是在全国建发电厂，结果现在建不成了，因特高压输变电技术的使用，很多电厂被炸掉了。而通过"一带一路"建设，发现土耳其一个地方发出建电厂招标的信息，他们是第一家中标的外资，现在他们不仅建电厂，而且将那个地方的所有工程项目几乎都拿下来了。

"一带一路"建设，我们实际上已经获得了很大成功，2017年7月笔者去东欧五国调研，中国的"一带一路"中小资本在东欧国家很活跃。现在"一带一路"的运作非常良好。"一带一路"涉及三大洲两大洋，在非洲、亚洲、欧洲、太平洋、印度洋的前景非常好。"一带一路"这个提法在国外比中国还热，借这个口号导入中国大量资本和工作。当然有一点要注意，中国人爱买不动产这个特点很明显，老想买房子买地，这一条注意不要影响人家。斯里兰卡现在很恼火，因为我们买地，把一座山买下来了，2017年3月开始不准中国人在那里买地，所以我们还是要尊重别人，投资发展就可以。

　　"一带一路"建设刚刚启动,我们有两个东西可以"搭便车",一个是巨大的国内市场,另一个是巨大的过剩资本,别人搭我们的"便车",中国也进一步发展,赢得世界的尊重,也给自己创造了机会。

　　我们的这个全方位开放刚一推出,七国集团中只有美国、日本没有参加了。英国参加,第一,看上中国巨大的国内市场,想把陆虎搞进来,陆虎一旦搞进来就救了英国的汽车工业;第二,看上中国巨大的过剩资本,可以帮英国修基础设施。加拿大总理也被中国的利益所吸引,中国的全方位开放给参与国带来了非常大的空间。

　　全方位开放是党的十九大以后重要的一件事,而且中国有个理论很厉害——人类命运共同体。中国13亿多人实现现代化光靠本土是不行的,未来真正地基本实现现代化,最少几千万人在海外运作才可以,所以中国未来统计每年的财富既要包括国内生产总值也要包括海外生产总值。这次中国主动性很强,赢得了世界,所以党的十九大做了这一件事,成功全方位开放,构建人类命运共同体,导致世界舆论还有未来的发展转向了我们。

转变经济增长方式的核心:创新驱动[①]

我国改革开放以来的经济增长,如果从增长方式上看,是一种靠大规模要素投放而拉动的增长方式,例如 20 世纪 80 年代主要靠劳动力这种要素的投放,90 年代主要靠土地要素的投放,2000 年后主要靠货币要素的投放。但这种靠大规模要素投放的增长方式已经走到了顶点,无法再有效支持中国经济增长,我们必须要转变经济增长方式,走向创新驱动型经济增长方式。

一、转变经济增长方式的必然性

转变经济增长方式是个讨论已久的话题,长期以来,众多专家学者根据相关理论探讨了经济增长方式转变的动因、方

---

① 汪浩参与了本文的起草。

向、路径和对策等，但是在政策实施上，创新驱动却迟迟未提上日程，只有到了新时代，尤其是党的十九大，国家明确提出经济增长由主要依靠要素和投资驱动向主要依靠创新驱动转变，并出台了一系列促进创新的制度措施，这样的时间选择和政策选择并不是随意作出的，而是基于新时代我国经济发展的客观现实所作出的合理安排，有其深刻的现实根源。

1. 人口红利逐渐消失

我国的人口红利主要来自大量的廉价劳动力，它具有两个特征：一是从绝对数量上来说，劳动力数量巨大；二是从相对价格来说，工人工资相对较低，尤其是低技能型的工作，而这占据了劳动力市场的绝大部分。依靠人口红利，我国的传统制造业和房地产业在前些年都获得了快速的发展，并且成为支柱性产业，传统制造业产品很多凭借价格优势在国际市场上销售，为我国的出口作出很大贡献，出口已成为我国发展外向型经济的主要方面，这也为我国积累了大量的外汇储备。但是在新时代，我国的人口红利逐渐消失，这主要体现在两个方面：第一，从人口结构上看，从 2010 年开始，我国 15—64 岁人口所占比重逐步下降，并且 0—14 岁人口所占比重也在下降，说明劳动力人口所占比重有进一步降低的趋势，而 65 岁及以上的人口所占比重逐步上升，并且上升速度较快，从 2010 年的 8.87% 上升至 2014 年的 10.06%，人口老龄化问题突出，随着人口结构的变迁，社会抚养比逐步上升，尤其是老年抚养比上升明显，这种形势持续发展下去，将会导致"倒三角"的人口结构，也就是老龄化问题严重、劳动力人口不足、新增人口缓慢等问题同时出现，这将严重影响经济增长。第二，从劳动力成本上看，我国的劳动力成本正在逐渐上升，这一方面是市场供求关系作用的结果，比如中西部地区的发展为工人提供了更多的机会、劳动力人口的受教育水平和素质逐步提高等，另一方面也是制度安排的影响，比如 2008 年 1 月 1 日，旨在提高最低工资标准、保障工人利益的新劳动法实施，这使我国工业企业的劳动力成本平均提高 30%。所以说，在新时代我国的人口红利已经基本消失，想要依靠大量廉价劳动力来发展经济已经不可行了。

2. 土地红利逐渐消失

我国的土地红利促进了房地产业的发展，并且使其成为我国的支柱性产业之一。由于我国土地采取集体所有的制度，产权归属并不明晰，土地不允许公开买卖，所以无论是基础设施建设，还是房地产开发，土地获得都不会采取市场化的方式，而是采用地方政府征地的方式，征地的价格会远远低于市场竞争的价格，地方政府将低价征收来的土地以稍高的价格转售给房地产商，从而获取中间差价，这种差价成为过去地方政府财政收入的主要来源，占总收入的 80% 以上，"土地财政"一词由此而得。随着城市化需求的加深，"地方政府征地—出售土地—房地产商开发—出售房产"的产业链条获得了快速发展，房地产业急剧增长，导致的直接后果是当前房地产业去库存的压力很大，甚至有人认为中国的房地产业已经从"增量时代"过渡到"存量时代"，现在更多的是消化房地产库存，新时代房地产业将从支柱性产业转变为常态性产业，所以对土地的需求大大下降，另外，随着工业化和城市化的推进，近些年我国土地价格也在稳步上升，目前土地成本已经处于一个相对较高的水平，所以综合来看，我国的土地红利正在逐渐消失。

3. 投资贡献逐渐下降

经济增长的三大动力是投资、消费和出口，它们也被称为拉动经济增长的"三驾马车"，长期以来，我国的"三驾马车"存在失衡的问题，也就是投资率偏高、消费率偏低以及外贸依存度偏大，投资驱动型的增长方式十分明显。但是从 2009 年以来，资本形成总额对国内生产总值增长的贡献率基本呈现下降趋势，从 2009 年的 86.0%降低至 2014 年的 46.7%，这主要是由三大核心投资，即传统制造业投资、房地产总投资和基础设施投资的增长率全面回落造成的。我国的投资主要集中在传统制造业、房地产业和基础设施建设上，目前由于投资过剩已经导致产能过剩和库存压力问题，比如钢铁、水泥、电解铝、平板玻璃、船舶制造、煤化工、多晶硅等行业已经严重产能过剩，很多企业转型困难，因为之前的投资大多是粗放式的，很少用于技术研发，相关企业缺乏技术研发的能力与习惯，从而在市场中很难实现自我突破，大多数企业面临倒闭的风险，房地产投资自 2010 年以来基本呈回落态势，甚至在 2015 年出现单月增速连续 5 个月负增长，目前去库存的压力依旧很

大,而基础设施投资受到政府财政的制约,增长乏力。所以,在新时代,投资对经济增长的贡献将会减弱,我国的投资率可能降低至合理的水平。

4. 资源短缺、环境恶化

我国长期采取的粗放式增长方式,导致资源利用率低、消耗大、环境污染严重。据英国石油公司统计数据显示,2010年我国一次能源消费总量达到 24.32 亿吨油当量,占世界能源消费总量的 20.3%,首次超过美国成为世界最大的能源消费国,并在此后一直维持了最大能源消费国的地位,预计 2035 年中国将超越欧洲成为全球最大的能源进口国,我国的能源消耗如此巨大,一方面是经济快速发展的需求引起的,另一方面也是资源利用率低导致的,与欧美发达国家相比,我国每生产 1 美元的能源消耗是他们的 4—10 倍,除了能源,我国未来在铁、铜、铝、钾盐等矿产资源上也将存在不同程度的短缺。这种过度的消耗也导致了环境的恶化,一方面是过度的开采导致生态环境的破坏,比如森林、草场、矿山等,生态系统变得极为脆弱,引发泥石流、沙尘暴、干旱等自然灾害;另一方面是过度的排放导致大气、水和土壤的污染,典型的代表就是北京等地的雾霾天气。环境问题已经越来越受到人们的重视,我国在环境污染的治理方面,先后经历了"先污染,再治理"到"谁污染,谁治理",再到"谁污染,谁付费,第三方治理"等阶段,反映了在环境治理上力度不断加强和专业化程度不断加深。我国当前资源短缺和环境恶化的现状宣告了之前粗放式的增长方式已经不可行了，转变经济增长方式是当务之急。

5. 防范"中等收入陷阱"

根据世界银行 2016 年最新发布的国家分类标准，2014 年人均国民总收入在 1045 美元及其以下的为低收入国家，超过 1045 美元但低于 12736 美元的为中等收入国家，在 12736 美元及其以上的为高收入国家。另外，其以 4125 美元为界将中等收入国家分为中等偏低收入国家和中等偏高收入国家，我国 2014 年的人均国民总收入达到 7400 美元，属于中等收入国家行列，并且是中等偏高收入国家。世界各国发展的历史经验表明，从低收入国家过渡到中等收入国家是一个相对简单、时间较短的过程，但是从中等收入国家跨越到高收入国家则是相对艰难、时间较长的过程，我们把这种现象叫作"中等收入陷阱"，诸如巴西、南非、菲律宾、墨西哥等国都面临着"中等收入陷阱"的问题，但是也有成功跨越的例子，比如日本、韩国等。总结这些国家的发展教训与经验，我们发现跨越"中等收入陷阱"的关键就在于经济增长方式的转变，从中等收入国家步入高收入国家需要技术积累和创新因素的推动，而这是一个较为漫长的过程，尤其是面临复杂形势和制度阻碍的时候。我国当前处于新时代，"三期叠加"使宏观经济形势错综复杂，经济面临很大的下行压力，此外，还存在很多不合理的体制机制阻碍技术进步和创新创业，所以我国有很大可能落入"中等收入陷阱"，必须尽快进行体制机制改革，释放创新活力,实现创新驱动。由此可见,我国经济增长方式向创新驱动的转变是防范落入"中等收入陷阱"的必需之举。

综合以上分析,在新时代我国的人口红利和土地红利正在消失,传统的投资逐步萎缩,经济增长所依赖的传统力量逐渐减弱,而面对资源短缺和环境污染的现状,以及防范"中等收入陷阱"的需求,我们不能也不应该保持以前的增长方式,即依靠要素投入和投资驱动的增长方式,而是要转变为主要依靠创新来驱动经济增长。

二、创新驱动的具体内涵

创新是在现有知识和物质积累的基础上,通过新的思维方式或行为方式来创造或改进事物的过程,它通过提高全要素生产率来驱动经济增长,具体来说,包括增加产品和服务多样性、提高产品和服务质量、提升管理水平、促进技术进步等,创新驱动是新时代我国经济增长的主要方式。在创新驱动经济发展的过程中,创新的主体主要是企业,这是因为企业作为市场的供给方具有创新的动力、信息和条件,是市场创新活动中最活跃的群体,当然消费者和政府在这个过程中也起到不可或缺的作用,他们为企业的创新活动提供导向、支持和反馈,企业通过与他们的交流与交易不断改进与创新,逐渐带来整个经济体创新水平的提高,实现创新驱动型的经济增长。我们从推动创新的主要市场主体即企业的角度来看,创新驱动主要包括三方面的内涵，即产品和服务的创新、商业模式创新以及技术创新。

1. 产品和服务的创新

产品和服务的创新有两种形式：第一种是在现有产品和服务的基础上，通过使用新材料、新工艺或加强培训等来提高产品和服务的质量，这是一种改进式的创新，比如将石墨烯这种新材料运用于电池制造将会极大地缩短充电时间，提高电池使用效率，应用前景十分广阔；将标准化的管理模式引入餐饮企业会极大地提高企业的服务质量和效率；等等。第二种是创造出并直接提供给市场一种新的产品或服务，填补原来市场的空白部分，这是一种原生式的创新，这种创新往往比较艰难，但是一旦实现，其经济效益将是巨大的，比如虚拟现实产品正在逐步打开市场，这是以往没有的产品，但是现在随着技术进步已经逐渐可以实现了；还有打车软件的兴起，它为人们提供了一种新的叫车服务，极大地便利了人们的出行；等等。

无论是改进式的创新还是原生式的创新，在我国都有很大的发展空间，我国过去由于片面追求经济增长速度，采取粗放式的增长方式，很多企业只注重生产产品的数量，而不注重提高产品的质量，尤其是长三角、珠三角的一些中小企业大多采取"低价走量"的策略，随着人们收入水平的提高，对产品质量的要求也越来越高，那些粗制滥造的产品越来越不被人们认可，比如2015年中国游客抢购日本马桶盖的风波就反映

了国内产品的质量问题，所以我国在产品和服务的质量上还有很大的改进空间。此外，由于市场经济的逐利性和市场主体的多元性，想要寻求市场空白从而提供新的产品和服务并不是一件容易的事，在当前经济环境下，要想取得原生式的创新主要还是靠技术进步，也就是挖掘人们未被满足的、可以实现技术突破的需求点，通过技术专利抢占市场先机。现在很多的战略性新兴产业就具有这样的特征，基于其巨大的市场需求和短期内技术突破的可实现性，战略性新兴产业将成长为我国的支柱性产业之一。

2. 商业模式创新

商业模式是企业凭借自身的能力与资源向客户提供产品或服务从而获取利润的方式，它包含三个基本的要素：客户价值、企业资源和能力以及赢利方式。商业模式在现代市场经济中起到越来越重要的作用，有时甚至对企业的生死存亡发挥关键性的影响，有的创业公司凭借着好的商业模式迅速发展壮大，并且通过不断地适应、调整形成强大的市场竞争力，而也有一些企业因为不合适的商业模式导致经营困难或破产倒闭，商业模式创新得到越来越多企业的重视。商业模式创新是企业组织管理方式上的创新，企业可能不提供新的产品和服务，而只是改变了提供产品和服务的方式，这种创新主要通过降低交易成本、提高交易效率和改善交易体验等方式促进市场交易的发生，一般来说，商业模式的创新包含了两种形态：一种是创业企业商业模式的创新，作为新创的企业，其起初可能就是以一种新的商业模式作为创业点来立足于市场的,它的商业模式是市场上以前没有或极少见的;另一种是转型企业商业模式的创新,这是已有的企业为了适应市场对原有的商业模式进行调整或更新的过程,可能是复制市场上已有的商业模式,也有可能发展出自己的全新的商业模式,但无论如何,它们都是对自我的一种转型和创新,从而获取更多的发展机会。

在新时代,借助于移动互联网、大数据和云计算等技术的进步,我国的商业模式创新获得了快速发展,其典型代表就是"互联网+"的兴起。所谓"互联网+"就是"互联网+各个传统行业",但这并不是二者简单的相加,而是一种有机的融合,即各个传统行业充分利用移动通信技术和互联网平台,创造出一种新的、资源配置效率更高的发展生态,实现互联网与经济、社会的深度融合,促进经济的发展和人民生活水平的提高。无论是创业企业还是转型企业,大多都在创造和实践着"互联网+"的商业模式,其中创业企业具有代表性的有陆金所、携程、大众点评、学堂在线、春雨医生等,它们将互联网与金融、旅游、生活服务、教育、医疗等领域结合起来,形成新的业务形态;另外,也有很多传统企业在向"互联网+"的方向转型,比如万达电商O2O的布局、宝钢"一体两翼"的战略、五矿电商"鑫益联"的启动以及中石油、中石化与腾讯、阿里的战略合作等,这些企业"互联网+"的商业模式在给消费者带来便利的同时,自身也获得了丰厚的利润。在未来一段时间,以互联网为工具和平台的商业模式有望获得进一步发展,"互

联网+"将成为新时代我国商业模式创新的主要形式。

3. 技术创新

技术创新是指企业生产技术上的改进或突破，它是一个中长期的概念，同时也是创新驱动最核心的内容，技术创新的主体有三类：企业、高校和科研机构，其中企业是技术创新最直接、最活跃的主体，高校和科研机构一方面生产科学知识，为技术创新提供理论支撑；另一方面通过产学研平台等方式为企业提供技术专利。一般来说，实现技术创新需要四个条件。

第一是法律基础，主要是指要有良好的知识产权保护体系，技术研发往往是一项成本高、周期长、风险大的活动，企业之所以有动力进行技术研发，是因为他们预期能够通过一定期限的市场垄断权获得较大利润，而如果知识产权得不到有效保护，一个企业的技术创新成果很容易被市场其他竞争者抄袭或模仿，从而不仅不能获得利润，甚至无法补偿研发成本，那么整个市场的技术创新活力将会受到严重抑制。

第二是财力基础，技术创新通常需要巨额资金投入，尤其是那些攻关难度大、具有战略意义的技术创新，这也是为什么很多大企业有自己的研发机构但在中小企业中却很罕见的原因，甚至有一些技术研发项目是单个大企业都无法承受的，所以很多时候需要企业合作、政府补贴或技术创新基金等为技术研发提供财力支撑。

第三是物质基础，主要是指实验室经济，无论是在企业、高校,还是在科研机构,现代技术大多产生于实验室,实验室是技术孵化器,它将知识转变为技术,然后再由产业园区将技术发展为产业,所以实验室经济越来越成为产业链重要的一环,未来可以用现代企业的方式来运作实验室,从而提高实验室的生产效率。

第四是人才基础,关键是人才制度设计,要充分释放科学精英和技术精英的创新活力,就需要基于人的差别的人才制度,每个人的天赋、努力程度、工作效率等都是不同的,所以要有不同的收入水平与其对应,这既是对劳动的尊重,也是激发不同人才潜力的需要。

以上四个条件是实现技术创新的基础,美国等技术先进国家的技术创新体系也是建立在这四个基础之上,我国的技术创新应首先夯实这四个基础。

我国的技术创新步伐一直是比较缓慢的,这从全要素生产率的缓慢增长可以看出,主要原因就是技术创新的基础不够牢固,经济中缺乏技术创新的动力与条件,比如"山寨"产品的大肆横行严重侵犯了知识产权、大型实验室的建立缺乏财力支持、待遇不足或不公平导致大量人才外流等,这些都阻碍了我国的技术进步,在新时代,要实现技术创新,必须对相关制度进行一些改革。首先,要不断完善知识产权保护体系,做到执法必严,严厉打击侵权和盗版行为;其次,要对创新创业进行财政支持,比如减税或补贴等,并且鼓励技术创新基金的发展;再次,要重视实验室在现代经济中的作用,鼓励采用企业化的方式运作实验室,提高实验室经济的效率;最后,要

尊重劳动、尊重人才，保证收入分配的相对公平，从而留住人才，激发人才的创新活力。

综上所述，从企业层面来看，创新驱动的三方面内涵分别是产品和服务的创新、商业模式创新以及技术创新，其中产品和服务的创新是对交易对象的创新，商业模式创新是对组织形式的创新，技术创新是对产品内涵的创新，但是这三个方面不是相互排斥、相互割裂的关系，而是一种相互联系、相互渗透、相互促进的关系，在实现创新驱动的进程中，必须全面考虑这三个方面，它们相互作用构成了创新驱动的主要内容，并将成为推动经济增长的主要力量。

三、推动创新驱动型增长的政策建议

在新时代，我国的经济增长方式将实现由要素和投资驱动向创新驱动转变，这是经济发展客观规律的要求，也是基于我国现实经济的考虑，但是实现创新驱动型的经济增长方式并不是轻而易举的，它需要各方面的共同努力，包括政府、企业、消费者等，政府部门要建立或改革相关制度，为创新驱动提供良好的环境，企业部门要积极适应和引领市场需求，增强创新活力，提高市场竞争力，消费者要转变消费观念，适度增加消费需求，主动适应互联网化的供给方式，通过各种形式与企业形成更好的交流，从而更充分地表达出市场需求情况，为创新提供动力，其中企业和消费者的行为是在制度范围内寻求利润最大化或效用最大化的模式,是市场经济中自发的主体,而政府作为市场的调控者和规制者,对市场具有规范和引导的作用,他的制度设计和变革将会深刻地影响到创新驱动型增长方式的发挥。下面从政府政策的角度提出推动创新驱动型增长的建议。

1. 推动经济体制改革,发挥市场在资源配置中的决定性作用

新中国成立以来,我国经济经历了由计划经济向政府主导型经济,再向市场经济的转型,目前已经建立了社会主义市场经济体制,但是还有很多不完善的地方,其中一个重要方面就是政府长期主导所遗留的政府过度干预问题,比如一些冗繁的行政审批、金融资源的垄断、民营企业的不公平待遇、国有企业的低效率等,这些都是阻碍创新的因素,为了推进创新驱动型增长,必须进行体制机制改革,包括:(1)政府体制改革,其核心是"简政放权",要向社会、市场和企业放权,激发创新活力;(2)金融体制改革,其方向是金融自由化,包括利率市场化、汇率市场化、人民币在资本项目下的可自由兑换、银行自由化、放开非银行金融以及资本市场改革等,完善金融市场,为创新提供财力支撑;(3)调整基本经济制度,民营经济要获得与公有经济一样完整、平等的地位,在市场中公平竞争,发挥中小企业的技术创新能力;(4)国有企业改革,国企改革的方向是转向混合经济,通过向社会资本开放来加强监督,提高经营效率,包括企业在技术研发等方面的效率;等等。

通过这些体制机制改革,将发挥市场在资源配置中的决定性作用,提高市场创新活力。

2. 实施供给侧结构性改革,促进产业结构优化升级

我国由于长期实行需求管理,导致供给侧问题不断积累,突出表现为无效供给和供给缺口的并存,无效供给主要来源于产品质量低劣和产能过剩,供给缺口主要来源于技术水平低和市场不健全,这些问题集中爆发,已经给我国经济带来很大的下行压力,实施供给侧结构性改革迫不及待。所谓供给侧结构性改革,就是从提高供给质量出发,运用改革的方法矫正要素配置扭曲,提高资源配置效率,促进产业结构优化升级,从而达到提升社会生产力和人民生活水平的目的。供给侧结构性改革的核心就是调结构,主要表现就是支柱性产业的变化,我国以前的支柱性产业是传统制造业和房地产业,现在这两个产业面临着去产能化和去库存化的压力,增长动力不足。在新时代,战略性新兴产业、服务业和现代制造业将会成长为新的支柱性产业,这些产业包含了更多的创新因素,它们发展的过程就是不断进行产品和服务创新、商业模式创新和技术创新的过程,所以实施供给侧结构性改革就是采取经济、法律、行政等手段促进产业结构的优化升级,这将会提高经济的全要素生产率,推动创新驱动型经济增长。

3. 完善创新创业制度体系,构建创新创业生态系统

我们不能只从微观企业的角度来看待创新创业,还要将其作为一个国家层面的系统工程来看，它需要一整套的制度体系来进行维护，要想真正实现创新驱动，必须培育一个有利于创新创业的经济生态系统。首先，作为创新的保障者，政府部门要出台一系列有利于创新创业的政策措施，比如为技术发明提供补贴、简化创业公司注册手续、构建"实验室—创业孵化器—创业公司—产业园区"的发展链条等，为创新创业提供良好的环境。其次，作为创新的供给者，企业、高校和科研机构也要建立合理的内部制度，尤其是收入分配制度，以差异化的待遇来刺激创新活力。再次，作为创新的应用者，企业要积极把创新成果转化为市场产品和服务，并在应用中进行改进，只有这样，才能把创新转化为生产力。最后，作为创新的使用者，消费者要主动学习和适应创新成果，并积极进行反馈，以需求来引导和激励创新。这四者之间要相互配合、相互推进，主体内部也要相互竞争、相互学习，在市场经济中，它们的相互作用构成了创新创业的生态系统。

4. 建立健全知识产权保护体系，做到有法可依，执法必严

我国的知识产权保护力度不够是阻碍创新的一个重要因素，建立健全知识产权保护体系必须从立法、司法和执法三个方面进行全方位的完善，具体来说：（1）立法方面：《宪法》中规定"公民的合法的私有财产不受侵犯"，并将"私有财产"从有形资产延伸至无形资产，这就以根本大法的形式规定了对知识产权的保护，此外，还有《商标法》《专利法》《著作权法》等专门的法律保护知识产权，在《刑法》《民事诉讼法》《行政诉讼法》等法律中也有所涉及，但是我国的知识产权立法方面仍有不足，比如知识产权犯罪的现行刑事立法范围过窄、知识产权制度的技术主题涵盖不全、缺乏量化赔偿标准等，这些是未来立法方面需要改进的地方；(2)司法方面：要加强对知识产权的司法保护，细化和严格对知识产权法律的解释，培养一支高技能、专业化的知识产权司法队伍，不断改进知识产权案件的审判程序，做到公平、公正、公开，提高司法效率；(3)执法方面：我国对知识产权侵权的执法力度依旧不够，盗版现象泛滥猖獗，尤其是在电影、书籍、软件、手机等常见的商品领域，不良厂商为了赢利以次充好，甚至有时消费者贪图便宜，故意寻求盗版商品，这更加剧了对知识产权的侵犯，知识产权执法是一项耗时耗力并且具有一定技术性的活动，所以建设一支高素质的执法队伍必不可少，并且要加强执法力度，做到执法必严、违法必究。只有从立法、司法和执法三个方面全方位完善知识产权保护体系，才能为新时代的创新活动提供良好的法律保障。

5. 大力发展高等教育和职业教育，尊重人才，尊重创造

科学技术是第一生产力，教育是基础，人才是关键，创新活动归根结底是教育人和激发人的活动，每一项创新都需要人来完成，但并不是任何人都可以进行有意义的创新，所以教育和人才制度显得尤为重要。2014年我国的高等教育毛入学率达到37.5%，超过中高收入国家平均水平，但与发达国家相比仍有很大差距，未来发展空间巨大，高等教育对于创新

具有非常重要的作用，一方面它能加强人们的交流、拓展人们的视野以及改变人们的观念；另一方面它也是人们学习知识、创造知识甚至发明技术的直接平台，职业教育在政府推动和市场引导下，也取得了快速的发展，培养了一大批中高级技能型人才，这种教育直接面向市场，以掌握技术并直接应用于工作为目的，极大地提高了劳动者的专业素养，这些高素质的劳动者成为未来技术发展的重要驱动主体，是创新驱动型增长的重要力量，所以大力发展高等教育和职业教育有利于社会创新和经济增长。另外，人才制度也至关重要，当前我国很多人才流失海外，这跟国内的经济环境、生活环境和学术环境等相关，当然也与人才制度密不可分，如果我们尊重人才、尊重创造，还是有很多人愿意回到中国、贡献中国的，而人才制度设计的关键就在于基于人的贡献的差别待遇，核心就是公平，在保证公平的前提下，通过差别待遇激励人才创新。

综合来说，在新时代，要实现创新驱动型经济增长方式，政府部门要推动体制机制改革，发挥市场在资源配置中的决定性作用，矫正资源配置扭曲，促进产业结构优化升级，鼓励"大众创业、万众创新"，保护知识产权，并且重视高等教育和职业教育，尊重人才，尊重创造。

供给侧结构性改革的实质:调整经济结构①

推动供给侧结构性改革,是中央近几年根据我国经济发展的实际情况作出的重大战略选择。党的十九大再次强调要继续推动供给侧结构性改革。供给侧结构性改革的实质是调整经济结构,使原有的但现在又不能继续作为支柱性产业的产业,逐渐转向一般性产业,例如通过"三去一降一补",即去库存、去产能、去杠杆、降成本、补短板的方式,使不能继续作为支柱性产业的原有的支柱性产业,逐渐平稳地转为一般性产业;同时,以创新的方式,推动新的支柱性产业的形成,从而实现支柱性产业的转换,最终实现整个经济结构的调整。

一、原有的一些支柱性产业面临着调整的压力

预期经济增速回归到一个相对低的水平意味着中国经济

---

① 杨林博士参与了本文的写作。

进入了一个和以前的高速增长期非常不同的时期，如果说以前高速增长主要是做大中国经济的数量，那么新时代的主要任务就是做好中国经济的质量，不再盲目追求数量的大，而是更加追求质量的优，新时代下经济发展的主要任务有两个：一个是深化改革，另一个是调整产业结构。深化改革比较受到企业等经济经营主体的欢迎，因为减少审批和由此产生的寻租空间会降低企业的寻租成本，改善企业的经营环境。但是，对于调整产业结构，企业等经营主体可能需要有一个较为清醒的认识，对于相当多的企业而言，产业结构调整可能意味着更多的压力而非机遇。新时代下的政策初衷是通过市场手段去调整产能过剩和化解经济泡沫化的风险，2008年后的四万亿元计划使得很多产业出现了比较严重的产能过剩，要挤掉这些过剩的产能使经济回归到正常就需要一些企业关门破产。近年来，PPI负增长就表明了这种调整确实在压缩一些产能过剩行业的企业，同时CPI呈现正增长说明并不是货币政策过紧使得市场产品价格呈现普遍下降，而是专门针对产能过剩企业的有计划的压缩。化解经济泡沫化的风险主要针对房地产泡沫和地方债形成的泡沫，这些泡沫来自过去过度的货币扩张和政府对微观经济行为的过度参与，形成了比较庞大的经济泡沫。化解这些泡沫势必会在局部采取偏紧的货币政策，用压缩一些企业的办法来挤掉泡沫，降低杠杆率的政策必然会使得一些房地产企业和依靠地方政府债务进行扩张的行业面临巨大压力。过去经济增长主要依靠两个支柱：传统制造业和房地产业，在新时代这两个产业会面临比较大的下行压力,最后变成普通产业。2000 年前经济增长主要依靠传统制造业出口产品拉动,2000 年后又激活了房地产业,2000 年后依靠传统制造业和房地产业两大支柱产业共同拉动经济增长。

传统制造业在新时代持续下行有出口增速的下降、劳动力成本和各项生产要素成本的上升三个原因。过去十年中国一直享受着加入 WTO 带来的"全球化红利",利用本国的劳动力成本优势和欧美的巨大市场很迅速地推动了出口的快速增长,使得出口成为了拉动经济增长的一个重要力量。但是,长期的出口使得国际间出现了比较大的收支不平衡,在全球经济由失衡走向再平衡的过程中,中国的出口增速必然会出现放缓的趋势。劳动力已经不再像以前那样供给充裕,低端劳动力甚至出现了不足,继而工资会出现长期的上涨趋势,劳动力成本提高已成定局。过去的人口红利来源于 1949 年新中国成立后的鼓励生育政策和大量的农村剩余劳动力向城市的转移,但是这两个支撑劳动力供给增加的原因现在已经几乎不存在了。要素价格扭曲正在逐步纠正,过去很多要素的价格被人为压低了,这些要素主要有资金的价格即利率和汇率、工业用地的价格、农产品的价格、劳动力的价格、能源的价格、自然资源的价格、环境的价格等。这些要素价格被人为压低,事实上起到了补贴生产者的效果,这种补贴在短期内确实推动了传统制造业的发展,但是长期而言这种扭曲不可持续。这些扭曲具有非常严重的破坏经济的效果,长期持续只能导致经济崩溃,政府在经济崩溃和纠正价格扭曲之间一定会选择后者。所以,可以预见,就未来长期而言利率会上升,人民币汇率会上调,农产品价格会上升进而劳动力成本会上升,自然资源的价格会上调,随着环保执法力度的加强,环保成本会上升。这些价格的上调严格意义上不是价格的上涨而是原来被严重低估的价格回归到正常水平,这些生产要素的价格上升必然会打击传统制造业企业的赢利能力。因此,传统制造业在未来会变成一个普通产业,不会是经济增长的支柱产业。

房地产业在新时代下也会持续下行,未来城市化增速会出现放缓趋势,因为随着刘易斯拐点的逐步逼近,人口结构老龄化趋势日趋明显,农村剩余劳动力向城市转移的速度也会减慢。为了形成集聚效应,经济各个组成部门会出现集聚趋势,即更多的经济总量会集中到比较小的区域,占国土面积更小的地区会产出更多的 GDP,也就意味着接下来的阶段是城市化优化存量的阶段,不太可能出现大量的城市化增量,主要是在城市内部实现产业的聚集和人口的集中,经济资源会从中小城市向大城市和特大城市聚集。城市化的速度放缓会减少对房地产需求的增长速度,现在房地产市场告别了过去的猛涨时代,进入了调整期。过去房地产市场一直被视为是中国经济增长的一个重要引擎,但是在过去十多年房地产黄金时代,很多人都已经购买了房子,居民部门对房子的需求量将不会像刚刚实施房改时那样强烈,房地产市场的增速放缓是必然的。同时在高房价的刺激下,很多房地产商像雨后春笋一样出现,使得房地产的供给迅速增加,形成了很多库存,消化这些库存尚需时日,也就更谈不上把房地产行业作为一个像过去那样重要的支柱产业了,房地产产业会变成普通产业。这里需要强调,房地产的价格并不是由该房的成本决定的,而是由供求关系决定的,一旦供求关系发生变化即便该房产的成本较高,也会出现比较大的价格调整,尤其是在人口净流出的城市,这种调整甚至会非常剧烈。

二、大力发展新的支柱性产业

新时代下,政府的主要政策会集中于以下三个方面:(1)利用市场手段压缩传统制造业和房地产产业存在的过剩产能,化解产能过剩风险。(2)利用市场手段配合行政手段降低地方政府和金融机构的杠杆率,让地方政府和金融机构的资产负债表重归稳健,化解经济泡沫化风险。(3)扶持新的经济增长点,培育新的支柱产业,使得经济在房地产产业和传统制造业这两个老支柱产业变为普通产业后,利用新的支柱产业实现经济增长。前两个方面的政策无疑会使经济面临比较大的下行压力,而新支柱产业的培育又需要一定的时间,不是一蹴而就的事情。因此,为了在这种调整之下保持平常心和一种平和的心态,政府主动调低了对经济增长的预期,让大家有一个心理准备,不至于在经济增速放缓时出现不必要的慌乱。房地产产业和传统制造业的收缩会通过上下游需求的传导在很大程度上拉低经济增长的速度,因此培育新的支柱产业就显得非常重要,新时代下新的支柱产业主要有三个:

服务业、战略性新兴产业和现代制造业。

1. 大力发展服务业

服务业主要有消费服务、商务服务、生产服务、精神服务四种。

消费服务是为居民生活提供的服务，主要有餐饮与商贸、医疗与健康、养老消费服务、儿童消费服务、信息与交通服务。现在中国模仿型消费和排浪式消费的阶段已经过去，消费需求日益呈现个性化多样化的趋势，不同的消费群体对消费的需求表现出越来越明显的差异化趋势。

商务服务是为商务活动提供的服务，如银行、律师事务所、会计师事务所、审计事务所、投资咨询公司、管理咨询公司等，随着以市场化为导向的改革的深入，各类经济主体对商务服务的需求会快速增长。

生产服务是指为工农业生产提供的服务，如工业设计、建筑设计、产品包装设计和物流方案设计等，在过去粗放式的发展历程中生产服务业没有得到充分发展，但是随着集约化精细化生产时代的到来，经济对生产服务的需求会快速增加。

精神服务与物质性消费服务相对应，主要指用于满足人们精神享受的服务，如影视、出版、音乐、旅游等，在国外精神服务业非常发达，日本动漫、好莱坞电影和韩剧等都创造了巨大的经济产值，未来随着人们收入的提高对精神服务的需求一定会快速增加。

但是，中国服务业却存在比较严重的垄断问题，垄断带来

的供给不足甚至使中国服务业占 GDP 的比重远低于世界平均水平和发达国家水平，甚至还低于发达程度不如中国的国家，如印度等。住房、能源、教育、医疗、养老、金融、通信等服务业长期处于垄断状态，垄断非常不利于服务业的发展。因为服务业和工业不同，工业可以利用标准化的生产线生产统一标准的产品，工业的优点是标准化的生产可以通过规模优势降低成本。但服务业是"个性化、差异化"的产业，服务业生产的是个性化的服务而非标准化的工业产品，每个服务业的服务对象其需求千差万别，每个人的口味不同，每个企业对服务的需求也不一样。这个特点注定了服务业不可能像工业一样生产标准化的产品，因为消费对象对服务的需求千差万别，如果用垄断的方式生产服务必定会出现众口难调甚至牛头不对马嘴的情况。因此，服务业必须由非垄断的经营主体来经营，每个不同的经营主体专注对某个具体细分市场的客户提供个性化服务，才能使服务更加贴近客户的需求。如果说工业的主题是统一化和标准化，那么服务业的主题就是个性化和差异化。比如医疗行业的服务对象因为经济水平和年龄结构等不同，每一个病人需要的治疗方案并不一样，有的病人需要比较省钱的治疗方案，有的病人则需要比较快速的治疗方案。再如教育行业，有的人希望以后从事很深的理论研究，需要立足于继续深造的教育服务；有的人只想学到一个职业技能，好找到一个工作，需要实践性很强的教育服务。再如管理咨询服务，小企业和大企业的需求就完全不同，小企业规模小处于初创期需要针对性强、解决某个具体问题的服务，大企业管理规范需要更加整体化的培训服务和发展战略咨询服务。再如投资公司提供的服务，高收入客户和低收入客户的需求就截然不同，高收入客户需要预期收益率较高（当然风险也较高）的服务，而低收入客户抗风险能力弱，需要比较稳妥（当然预期收益率偏低）的服务。因此，破除垄断是服务业得到充分发展的前提，如果垄断继续严重地存在，服务业肯定无法得到比较充分的发展。同时，政府对一些服务业产业的过多管制也是制约服务业发展的一个重要原因。

服务业吸收劳动力的能力强于工业和农业，因此对于在经济增速放缓时解决就业、保持社会稳定具有特殊意义。同时，服务业是典型的劳动者劳动报酬占比较高的行业，这一点完全不同于资本报酬占比很高而劳动报酬占比较低的工业，如果服务业能够得到充分发展，比如占 GDP 的比重再上升 10—15 个百分点，对于提高居民收入和保持社会稳定也具有特殊意义。因此，积极发展服务业势在必行，尤其是在经济增速放缓的新时代下，不仅可以起到保持社会稳定的作用，还是实现结构调整的关键。

2. 大力发展战略性新兴产业

战略性新兴产业主要聚焦在八个产业，这八个产业是未来国家积极鼓励的战略性新兴产业，代表着国家在国际上的战略竞争力。这八个产业分别是：

（1）新能源。未来太阳能、核电、风电等新能源会成为朝阳产业，随着石油、天然气等传统能源资源日益枯竭和全球气

候变暖造成的减少碳排放压力,替代传统化石燃料的新能源会成为解决人类能源问题的关键。

(2)新材料。未来复合材料、新结构材料、新功能材料等新材料会凭借在基础工业的广泛应用而体现出巨大的发展前景,无论是医用的仿生材料还是工业生产用的新功能材料,新材料都在给予人类改善生产生活方面以新的可能性。

(3)生命科学与生物工程。新生物技术尤其是基因技术会成为从根本上改变很多传统生产方式的技术手段,在医学上提供新的疾病诊断手段和治疗方法,在农业上研发出生存能力更强、产量更高的农业品种,并通过提供新的生物肥料、生物除草剂等手段解决全球的粮食问题。在老龄化到来之际,新的康复技术和生物手段在提高老年人生存质量的同时也会创造出一个产值巨大的产业。在生物化学生产中新的生物技术会彻底改变传统的生产模式,用更低成本生产出质量更好的化学产品。

(4)信息技术与移动互联网。互联网时代已经来临,虽然信息技术革命已经发生了多年,但是新的信息技术在人类日常生活中的应用还并不十分深入,还远没有达到技术层面可以达到的程度,新的商务模式和生活模式会出现,未来新信息技术在云计算、大数据和物联网等领域有很多创新和发展的空间。

(5)节能环保。因为过去粗放式的发展遗留了很多环保问题和资源浪费问题,研发和推广新的节能环保技术,节能环保产业化会把很多实验室技术变为成熟的商业产品,节能环保产业也将迎来春天,未来节能环保装备制造和节能环保基础设施投资会给节能环保产业注入巨大的发展动力。

（6）新能源汽车。现在传统汽车在给人们出行带来便利的同时也带来了污染和雾霾。随着环境污染的加剧,淘汰传统汽车发展替代汽车的压力会越来越大,因此未来混合动力汽车和纯电动汽车会逐步替代传统的燃油汽车,并创造出一个巨大的需求。

（7）人工智能。随着我国人口红利的消失和刘易斯拐点的临近,劳动力成本上涨会成为一种长期趋势,此时在工业生产过程中甚至餐饮服务业中发展广义机器人用来替代人工,降低劳动力成本会成为一个趋势。

（8）高端装备制造。在航天、航空、航海和海洋开发工程等领域,高端装备制造还有很大的发展空间,随着产业链的延长和内化,中国对高端装备的需求会越来越旺盛,这种需求给高端装备制造提供了很大的发展空间。

3. 大力发展现代制造业

制造业分两种:一种是传统制造业,另一种是现代制造业,划分的标准是由它们所生产的产品的社会性质所决定的,凡是生产私人产品的都作为传统制造业,凡是生产公共产品的属于现代制造业。我国私人产品已严重过剩,因而传统制造业已不能作为支柱性产业了,但公共产品严重短缺,所以现代制造业就成为支柱性产业。现代制造业主要集中在五大方面:

（1）飞机制造。我国人口众多、幅员辽阔使得对民用航空的需求会逐步变大，进一步刺激了对飞机的需求，同时作为和军事工业联系紧密的产业，飞机制造产业将出现巨大机遇。

（2）高铁装备制造。我国高铁技术发展成熟，在新建高铁和运营高铁的过程中积累了丰富的经验，随着李克强总理力推的高铁"走出去"战略逐步实施，我国高铁装备制造将会快速发展。

（3）现代军工制造。在军民融合的条件下，军工也与民用经济相辅相成，例如现代船舶就是这样。我国国际贸易量长期位居世界前列并保持增长，进出口大多使用海运，随着我国从航运大国走向航运强国，现代船舶制造的发展前景十分乐观。

（4）核电装备制造。传统化石能源的逐步枯竭和环保减排压力催动了新能源需求，经过多年的努力，我国第四代核电技术实现突破，不仅政府力推核电走出去，国内对清洁能源的需求也会日益旺盛，资源的有限性会倒逼核电产业的发展，未来核电装备制造前途无量。

（5）特高压输变电器装备制造。随着新能源技术电动车技术的发展以及经济的持续增长，对电力运输的需求会出现大幅增长，在此趋势下特高压输变电装备制造就会得到很大发展。

三、政府要主动承担产业结构调整的成本

产业结构调整主要会产生三个转型成本：（1）银行坏账

的成本。因为过去伴随着房地产市场繁荣形成的土地财政和过度的房地产投机,使得房地产市场一旦出现问题就会有很多难以销售出去的库存。这种库存在销售不景气的情况下就可能让房价面临比较大的下行压力,此时银行贷款就会出现坏账的风险。传统制造业在压缩调整的压力下会出现破产倒闭的情况,这些企业的银行贷款会出现很多坏账。(2)失业的社会成本。在房地产业和传统制造业的压缩调整期,会有很多企业缩小规模甚至破产倒闭,最直接的后果就是造成很多工人失业,安置失业工人并帮助其重新就业会产生很多成本。(3)居民财富缩水造成的经济社会成本。房地产价格缩水会造成居民的财富缩水,居民在财富缩水的情况下会觉得自己变穷了,会减少消费和投资,通过财富效应减少经济的总需求。过去的很多内需和满足这些内需的投资都是靠居民消费和居民的投资行为支撑的,这种模式背后的支撑力量是居民对自身财富的预期。过去因为房地产价格较高,很多拥有房产的居民都预期自己有很多财富,认为自己很有钱,因此增加了自己的消费并把很多财富用于投资,但是一旦房地产价格下跌,这些居民会预期自己的财富缩水了,认为自己一下子变穷了,因此会减少消费和投资,这种预期的变化会对经济造成不小的冲击。同时,居民的财富缩水可能会使一些居民对社会产生怨言,增加社会不稳定的风险。

1. 转型成本承担的原则

谁来承担这些成本?是由居民和银行自己来承担还是由

政府来兜底？这是一个很关键的问题。笔者认为，应该由政府为这些成本兜底，政府应该主动承担这三种成本，不能让居民和银行成为主要承担这三种成本的主体，即应本着"宁可国家穷，不可老百姓穷"的原则，原因是：

（1）中国经济中需要调整的部分，其产生的原因和西方成熟市场经济国家不同。西方国家经济中主要是市场因素导致出现资产价格泡沫和产能过剩问题，政府并没有什么直接责任，最多是有监管不力的间接责任，政府并没有主动直接去推动经济的产能过剩和资产泡沫，因此政府没有道义和责任去主动承担经济调整的成本——既然是市场造成了经济失衡，那么只能是市场主体去承担转型成本。但是，中国的情况不同，中国经济中的产能过剩和房地产泡沫背后有很多政府因素的影子，在一定程度上地方政府的土地财政是造成房价上涨过快的重要原因。同时，在政府考核注重 GDP 的情况下，各个地方政府为了开展政绩竞争，纷纷推动本地企业扩大产能，并通过出口退税和财政补贴等政策加剧了产能过剩问题。因此，政府在道义上应该主动去承担经济结构调整的成本，这样才显得比较公平，如果让老百姓成为转型成本的主要承担者就显得不公平。

（2）政府有更多的资源、更强的能力去承担这种成本，同时政府的存在期长于个人的寿命，能够等到调整结束后收获期的来临，因此政府去承担转型成本具有时间优势。首先，政府能获得的资源远远多于老百姓，因为政府是一个虚拟的概念，而居民和企业都是比较具体实在的概念，政府负担重一点并不会影响到经济的基本面。日本在 20 世纪七八十年代也遇到过和中国今天类似的问题，经济增速放缓使得经济经历了比较漫长的痛苦调整，此时日本政府的做法就是由政府去主动承担转型成本，日本政府发行了非常多的国债。但是几十年过去了，虽然日本政府还很穷且有非常多的国债，但是日本经济和社会并没有在这场调整中出现太大问题。究其原因，主要是政府欠债不要紧，政府可以用发钞票或发新债还旧债等方式来应付，只要日本这个国家还继续存在，政府的借债就是可以被偿还的。只要日本这个国家继续存在，债权人就不必担心日本政府还不了钱，政府欠的钱只是晚一点还或者早一点还的问题，经济情况好就早一点还，经济情况不好就晚一点还，不是还不还的问题。相反，企业和个人就不一样了，企业欠的钱会因为企业的破产而不还了，个人欠的钱会因为个人的死亡而不还了，因此企业和个人比较容易借不到钱，而政府比较容易能借到钱。所以，政府能获得的资源会多于民间的企业和老百姓，由政府出面承担转型成本不会出问题，而老百姓（即居民和企业）没有足够的资源，如果让老百姓来承担转型成本，就会出问题——因为老百姓资源不足，没有这种承担能力。把一个老百姓无力承担的负担强压在老百姓身上，就容易把老百姓压垮，一旦老百姓经济出现问题就会导致社会动荡，此时政府完全是得不偿失，因此即便是站在政府的角度来看也应该由政府去主动承担转型成本。

政府承担转型成本的能力强于老百姓，政府遇到问题可以通过削减军费、裁减公务员数量、压缩政府公共事务开支和

出售国有资产等形式来减少支出，同时也能够通过发行国债筹集到足够多的钱来维持正常运转，如果实在不行还可以多印钞票还债。只要不出现经济崩溃和社会动乱，借的钱可以延期再还，如果借的钱实在还不上了，最多是出现国债违约，政府承担经济风险的能力远强于老百姓。但是，老百姓一旦出问题就没有什么办法来减少开支了，因为老百姓的很多开支是维持生存的刚性开支，很难减少这种开支，不可能让一个每顿吃四两米饭的人减到每顿吃一两米饭，同时老百姓也很难借到足够多的钱来渡过难关。如果老百姓经济出现问题就只能去从事违法犯罪活动来维持自己的开支，或者去闹事把自己的痛苦转化成反政府的动力，一旦这些老百姓被别有用心的人利用，就会造成社会动乱和经济的崩溃。

经济调整需要的时间比较长，一般可能会持续几十年，这么长的时间跨度甚至会超过一些人剩下的寿命长度。因此，如果让老百姓去承担转型成本就比较不现实，因为对于很多老百姓而言，如果他承担了调整的成本，当调整成功迎来调整成果的收获期时，他已经不在人世了。因此，老百姓出于理性考虑不可能有足够的动机去承担转型成本。但是，政府就不一样了，如果能够保持经济不出大问题，就能维持社会稳定并保证不出现政权更迭，那么几十年之后政府还会存在，那个时候政府就能享受到结构调整的成果——经济繁荣、税收增加、国家实力增强，各个产业步入世界一流。由于政府的预期寿命远长于老百姓的预期寿命，在承担了转型成本之后能存活到享受调整成果的收获期，因此政府完全可以在现在借债然后几十年后偿还，用跨期安排资源的办法来保证成本和收益的匹配。因此，政府会有足够强的动机去承担转型成本，老百姓寿命有限因而积极承担转型成本的动力不够。

因此，必须明确一个原则就是"宁可政府穷，不可老百姓穷"，因为政府存在的时间长于老百姓的寿命，政府有跨期配置资源的空间，同时政府能获得的资源多于老百姓能获得的资源，政府承担风险的能力也远大于老百姓。必须明确什么是"本"什么是"末"的问题，要认识到政府是"末"，老百姓是"本"。因为如果老百姓经济出现严重问题，引发社会动乱，政府就可能无法继续存在了，但是政府财政出现严重问题，只要老百姓的经济不出严重问题就不会出现社会混乱，政府还可以继续存在，整个国家就能继续等下去，一直等到调整期结束，等到调整成果集中出现的收获期。相反，如果在调整期内让老百姓来承担转型成本，就可能出现老百姓无力承担的情况，到时一旦出现社会动乱则必然出现经济崩溃，整个国家就会乱起来，经济调整也就终止了，整个国家也就无法等到调整成果集中出现的收获期了。历史上陷入"中等收入陷阱"的国家就是这样出现的，泰国、印度尼西亚、菲律宾、巴西、阿根廷、墨西哥、苏联，都是因为在经济调整期政府不愿意主动承担转型成本，把巨大的转型成本推给老百姓来承担，老百姓又无力承担，结果使得老百姓经济出现问题而引发社会动荡，继而发生频繁的政权更迭，最后使整个国家陷入持久的动荡之中，至今无法恢复稳定。在不稳定的社会环境下，外资不会进入，本国的资本也会纷纷逃离，该国的优秀人才也会选择移民海外，这种资本和人才的损失是永久性的，不是暂时性的，使得该国几乎被永远锁定在了"中等收入陷阱"之中。

反观日本、韩国、新加坡等成功经济体，无一例外都在经济调整过程中选择了政府主动承担转型成本。日本从 20 世纪七八十年代开始出现经济增速放缓的问题，出口导向型的经济增长方式在出口增速放缓时遇到了很大问题，政府积极发行国债用于承担社会调整的阵痛。直到 2013 年年末日本国债规模达到 1025 万亿日元，约 10.14 万亿美元，占 2013 年 GDP 的比例为 245%，即国债余额约为当年 GDP 的 2.5 倍。新加坡的情况也很类似，自从亚洲金融危机之后新加坡进入了经济调整期，在此期间新加坡政府积极发行国债，主动承担经济转型成本，长期使用国债使得 2013 年国债规模占该年 GDP 的 123%。进入经济调整期稍晚的韩国和中国台湾地区，其国债规模在 2013 年也占到了该年 GDP 的约 40%，积累到了一个较高水平，未来还会继续增加。2008 年全球经济危机的策源地美国，在危机之后的经济调整期也积极使用国债承担转型成本，2008 年美国国债余额和该年 GDP 的比例为 69.6%，到了 2013 年美国国债余额和该年 GDP 的比例达到了 106.9%，短短五年内几乎增加了 1 倍，但是由于美国政府主动承担了很多转型成本，钱还是不够用，最后在 2013 年还出现了美国政府关门的政府财政危机。虽然政府承担转型成本的策略使得政府变穷了，在削减政府行政开支后仍然出现了大幅的财政赤字，为了弥补赤字政府被动发行国债以求实现财政平衡。表面上看，这些国家的国债达到了惊人水平，日本、美国和新加坡都超过了该年的 GDP 总额，但是这些国家并没有在调整期出现严重的经济社会问题，而且经过长期的调整还取得了一些成绩，最近三年美国 GDP 增长率维持在3%左右水平，在未来几年内还有望达到更高，2013 年和 2008年相比世界五百强中的美国企业不减反增，2013 年世界五百强中的美国企业比 2008 年约多出两成。新加坡实现了制造业的技术升级和产业整合，人均 GDP 一度达到亚洲第一；日本虽然面临通缩压力，但还是涌现出了很多优秀的企业，并保持了内需的稳定，没有出现调整期内需大幅下降的情况，保证了国民经济的稳定，不仅没有出现持续衰退还在一些年份实现了正增长。最近几年虽然这些国家国债猛增，但是国际评级机构还是给予这些国家的国债以很高的评级，被评为推荐投资级，这说明，一国的国家信用基础是该国经济社会稳定发展的前提。我国 2013 年国债余额为 8.67 万亿元，占该年GDP 的比例为 15.24%，和美国、日本、新加坡等国比起来还处于比较低的水平，未来还有很多发债的空间，因此我国政府去承担转型成本的空间是非常充裕的。

2. 政府承担转型成本的优势

为什么政府去主动承担转型成本，可以保证不出问题，而让老百姓承担转型成本的国家就陷入"中等收入陷阱"呢？政府承担转型成本和让老百姓承担转型成本有何不同？政府承担转型成本的主要手段是削减军费等政府行政开支，并通过发债和出售国有资产来筹集资金，救助经济出现问题的老百姓，力求减少经济调整对老百姓生活的影响。减少军费开支不会对国家经济社会产生非常大的影响，只会使国家的军事战略出现收缩性的回调，美国从伊拉克和阿富汗撤军就属于这种回调，这种军事战略的收缩一般对国内的经济社会状况影响很小，只是比较容易影响到该国的海外军事盟友，因此削减军费实际上相当于让一些海外军事盟友承担了该国的转型成本。而购买政府国债的债权人多是国际国内的有钱人、外国政府或者资金比较充裕的大企业和大金融机构，这些投资主体多是存在资金盈余的经济实体，短期内并不缺钱，购买国债只是作为一种长期资产保值手段，比如中国的外汇投资公司就购买了很多美国国债，实际上相当于该公司借钱给美国进行经济调整。因此，政府通过国债筹资去承担国内经济转型成本的行为就相当于把国内的转型成本暂时转嫁到了这些购买国债的债权人身上，让这些并不缺钱的债权人来承担国内经济调整的风险和成本，当然未来偿还国债的行为相当于把国内经济调整的成果与这些国债投资人共享。这种思路实际上相当于把国内调整的成本、风险和收益通过国债卖给了那些购买国债的投资主体，这些投资主体暂时也不缺钱，自己也比较有钱，有很强的实力去承担经济调整的成本和风险，也有充裕的时间去等待经济调整收获期的来临。相反，如果把转型成本推给老百姓就完全不同了，因为老百姓本身钱不多，承受压力的能力很弱，一旦缺钱就面临"无钱买米下锅吃饭"的问题。一旦这种问题出现，老百姓就会铤而走险，作出违法犯罪或者破坏社会稳定的事情来，继而发生社会动荡，接着外资和国内资本都会纷纷撤出该国,同时该国国内精英群体也会移民海外,一旦资本和人才的外流达到一定程度,该国经济就会出现崩溃,由于资本和人才的外流具有不可逆性,外流的人才和资本可能永远都不会回来,该国也就失去了经济长期增长的物质基础了,最后该国经济只会在零增长和负增长之中挣扎,于是就掉入"中等收入陷阱"之中。

因此,"宁可国家穷,不可老百姓穷"这个原则背后的逻辑是:政府去主动承担转型成本,事实上就是让国际国内的强势群体来承担转型成本,并把一部分转型成本输出到海外;让老百姓去承担转型成本,事实上就是让国内的弱势群体去承担转型成本。因为财富的边际效用递减,对于资金充裕的强势群体,1万元对他们来说边际效用就很小,让他们先拿出1万元出来暂时承担转型成本,对他们而言的效用损失很小。但是对于社会中占大多数的中低收入群体而言,1万元对他们的边际效用就会很大,因为他们要用这1万元去吃饭,让他们先拿出1万元来暂时承担转型成本,对他们而言的效用损失就会很大。

3. 政府承担转型成本的方式

由此可见,正确的逻辑应该是让政府去承担转型成本或者说是让国际国内的强势群体去承担转型成本,并尽量把转型成本向海外输出,而不能让作为弱势群体的国内老百姓来承担转型成本。政府承担转型成本的三种具体方

式是：

（1）对于银行可能产生的几万亿元坏账，政府可以出钱予以冲销，这样的好处是保护老百姓在银行里面的存款安全。如果银行因为坏账而出现倒闭风险，政府至少应该出钱保障中低收入群体在银行里面的存款本金和利息收入不受损失。还可以采取政府给银行巨额注资的方式保证银行不倒闭，以避免出现金融系统对实体经济的冲击。

（2）对于失业问题，主要靠发展服务业和系统性减税来解决，政府为了扶持服务业的发展可以进行税制改革，减少服务业的税收负担，或者可以考虑对一些吸收就业能力较强的服务业行业进行财政补贴。除了积极发展服务业之外，政府还可以考虑实施普遍性的系统性减税，以刺激企业的活力，以期吸收更多的就业人员。

（3）对于房地产价格缩水造成的老百姓财富缩水，政府可以考虑使用财政资金来补贴老百姓的财富缩水，尽量减少财富缩水对老百姓经济行为的影响，保持内需的稳定。老百姓财富缩水会使老百姓的预期财富大幅减少，接着会减少他们的消费和投资，并通过乘数效应形成通货紧缩和经济衰退的压力。解决这个问题的关键就是改变老百姓对自己财富的预期，让老百姓在房地产资产缩水之后不会比较大地改变对自己财富的预期，保持自己消费行为和投资行为的稳定，至少不能使其出现大幅下降。达到这个目的有两个思路：

第一个思路是设法增加老百姓的其他财富并补贴其财富

缩水，比如政府可以出钱提高居民存款的利率，增加居民的存款利息收入，还可以立法强制让上市公司对股民进行现金分红，增加居民的股票收益，还可以考虑把房地产价格下降的差价补贴一部分给居民，以确保其对自身财富水平的预期不发生很大的改变。

第二个思路是降低老百姓的生存成本，政府可以出钱补贴降低食品、服装、药品、医疗服务和教育服务的实际价格，或者发放消费券，凭券到指定地点购买消费品时可抵扣一定数额的现金等。这样即使老百姓出现财富缩水和生活成本减少，也不会大幅降低对自己财富水平的预期，因而也不会大幅减少自己的消费和投资，不会出现内需迅速下降的情况。美国政府的医改计划和日本的国民年金计划就是旨在降低老百姓生存成本的计划，新加坡政府建设公共住宅低价卖给老百姓的计划也是暗含此意。中国政府的生产建设性投资支出占政府总支出的比例太大了，这一比例常年维持在40%—50%之间，不仅全世界最高，而且远远高于排名世界第二的新加坡政府25%的生产建设性支出占比，前者生产建设性投资占政府总支出比例约为后者的两倍。未来可以考虑降低生产建设性支出在政府支出中的占比，提高民生性支出在政府财政支出中的占比，可以把生产建设性支出占政府支出的比例降低到和新加坡相似的水平，即25%左右，把政府从一个生产建设型政府转变为一个民生服务型政府，把生产建设性支出减少省下来的钱用于支付转型成本，确保转型期的社会稳定和经济稳定。

四、调整经济结构需要配套的改革

经济结构调整是一项系统工程，涉及许多方面，主要包括以下六个方面：

1. 推动技术进步方式转变

经济结构调整的基础是技术进步，推动技术进步主要有两种模式：苏联模式和美日欧模式。苏联模式推动技术进步的主体主要是政府，其目的是抢占世界技术前沿，保持国家对尖端技术的掌握能力，确保该国在各个尖端技术领域不会严重落后于该领域的国际先进水平。因此，苏联模式主要是一个技术概念，是为了发展技术而发展技术，政府考核技术进步的标准是有多少技术填补了国际国内空白，有多少技术处于国际一流水平。虽然苏联凭借这种模式取得了不少成就并产生了数位诺贝尔奖得主，但是这种模式的缺点是只有投入没有产出，政府主导的科技研发投入由于无法形成商业化的成功产品而无法收回投资，政府也无力实现技术产业化的对接，结果技术创新成为无源之水、无根之木，最后面临枯竭。美日欧模式推动技术进步的主体是企业，其目的是赚钱，保持企业生产出的产品有较高的技术含量，确保企业在国际竞争中不会因为某项关键技术的落后而失败。因此，美日欧模式是一个经济概念，是为了赚钱等商业目的而发展技术，企业考核技术进步的标准是在多大程度上提升了产品的市场竞争力,该技术能赚多少钱。虽然这种模式下政府对技术进步的干预能力下降,但是这种模式的优点是能够快速收回科研成本,并通过卖产品或服务的收入迅速回笼资金,投入到下一轮的技术研发之中,保障持续的高额技术研发投入,实现长期的持续技术进步,能够实现资金积累和技术持续进步的循环,最典型的就是美国的硅谷模式,靠硅谷的商业企业推动了信息化革命。

过去我国主要是采取苏联模式推动技术进步,以"863计划""973计划""火炬计划"等政府主导的研究计划和"211""985高校"、中科院等政府主导的研究机构来推动技术进步,在政府投入大量资金后不仅效果不佳而且围绕科研资金的分配产生了很多腐败,研究出的高科技技术很多都因为没有商业市场而无法推广成为"屠龙之术"。在新时代下有必要转型到美日欧模式,依靠企业作为技术创新的主体来推动技术进步。为此,需要在人才和资金两个方面扶持企业进行技术创新。

(1)积极鼓励高校和各个科研院所的市场化对接,让企业和这些研究机构合作,利用这些研究机构的人才和软硬件设施进行技术创新,并鼓励这些研究机构的工作人员去创业或到企业工作,盘活这部分科研的存量资源。

(2)鼓励企业自建研究机构,像国际上的高通、微软等大企业都有自己的研究中心,我国可以通过给企业减税或补贴的方式来诱导企业的研究行为。

（3）发展职业教育和在职培训，提高企业现有员工的知识水平，引导他们积极投身到技术创新中来。

（4）全球范围内引进人才，用高待遇和广阔的发展前景吸引全球人才。因为人才的培养速度较慢，如果仅靠自己培养人才，恐怕来不及了，可以效仿美国等移民国家，积极吸引全球的人才到中国来工作，或者鼓励中国企业在海外建立实验室和研究中心利用海外人才。

（5）政府直接把钱通过研究项目的形式拨给企业，让企业自己拿着这笔钱发展技术创新，以前我国"863 计划"研究汽车发动机技术用了很长时间都没有研发出来，结果吉利汽车自己研发出来了。为什么国家"863 计划"立项的项目研发不出来，企业可以研发出来？主要的原因是企业的激励机制优于国有的研究机构，国有研究机构基本上是有封顶的工资和奖金，即使发明了很好的东西，收入也不会有很大增加，属于"干多干少一个样，干好干坏都一样"的格局，因此缺乏对实现重大技术进步的激励；相反，企业的激励机制比较灵活，敢于重奖重大技术发明，因此未来国家可以更多地和企业尤其是民营企业合作进行技术研发，把更多的科研资金拨给企业尤其是民营企业。

2. 实现融资方式的转变

在资金方面要改变间接融资为主的金融体系，变成直接融资为主的金融体系，间接融资是人们把钱给银行让银行去进行资金投放，银行因为暗含有给储户还本付息的义务（至少要保证本金的安全），所以投资行为会非常谨慎，不敢给那些高风险的高技术创新企业提供资金。直接融资指的是投资人直接投资给企业，直接购买企业股权的融资方式。投资人可以通过证券公司、风险投资公司、股权投资基金等机构或者自己和企业联系直接投资给企业获得企业一定股权。直接融资因为投资公司并不负有给出资人还本付息的义务，因而其投资行为的风险偏好会比较大，敢于投资给那些高风险的高科技企业，如京东、阿里巴巴等高科技企业就接受过风险投资。直接融资的风险偏好程度之高甚至达到难以置信的程度，比如购买彩票这种投资行为，我国是拿十元钱买彩票，彩票发行机构拿五元钱给彩民开奖，因此投资彩票的收益率是-50%，一个为负的收益率居然有很多人去投资，可见直接投资有很高的风险偏好，愿意为了一定的收益去承担高风险。技术创新能力很强的国家都有很强的直接融资的金融制度安排，美国拥有全球最大的创业板股票市场纳斯达克和最完善的直接融资平台——股市，日本有亚洲最大的风险投资公司——亚洲软银，欧洲有着几百年的直接融资传统。我国要向直接融资的方式转变，为此要：

（1）积极鼓励风投、PE 等直接融资渠道，用优惠政策扶持产业投资基金，引导民间资本进行直接投资。

（2）扩大股市容量并鼓励创业企业上市，过去我国股市主要是为国有企业脱困服务，主要帮助国有企业尤其是有困难的国有企业筹集资金，导致很多创新型的民营企业难以上市，这个局面未来要彻底扭转过来，恢复股市作为主要直接融

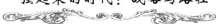

资平台的真正作用。要帮助并完善 OTC 市场，拓宽风险投资的退出渠道，增加直接融资市场的流动性。

（3）鼓励企业发行债券募集技术研发资金。

（4）改革现行外汇管理体制，放宽企业用汇管制，鼓励企业利用我国的外汇储备到海外购买成熟的专利技术和高科技生产线。

3. 以需求升级实现产业升级

产业升级还需要实现需求升级，以往产业升级效果不佳的原因之一就是居民收入偏低，对质次价低的低端产品还有很大的需求，因此一些落后产业仍然可以凭借这个市场维持生存。一些政府一厢情愿地"腾笼换鸟"，多是一些落后产业的旧鸟被腾出去了，结果先进产业的新鸟又不进来，笼子变成空笼。这个现象的背后是贫富差距扩大和政府民生服务不到位造成的居民收入偏低，要实现产业升级先要实现需求升级，减少对落后产业的需求，增加对先进产业的需求，要实现需求升级就必须增加居民收入。关键是转变政府职能，让政府从一个生产建设型政府转变为一个民生服务型政府，增加政府的民生服务开支并减少针对居民的税收，通过藏富于民来实现需求升级。

4. 积极推动服务贸易

在出口方面要积极推动服务贸易，在出口增速放缓的大背景下，服务贸易出口有很大的发展潜力，一国工业化基本结束后进入后工业化时代,对服务业产品的需求会大幅增加,2014年中国取代美国成为全球最大的电影市场,在电影票房总额上超过了原来世界第一的美国。中国不仅国内会出现服务业的大市场,而且具备成为服务业出口大国的很多条件:经过多年的基础设施建设,国内基础设施发达,拥有很多受过大学教育的劳动人口,英语教育较好,吸收服务业外商投资较早,经验充分。高技术、低能耗、低污染的服务业出口将来有望成为我国出口的新增长点和支柱型出口产业,在软件、金融、通信、咨询、保险和工业设计等服务业产业上大有可为。

根据微笑曲线理论,认为产业链的附加价值最高的在两端:前端的创意、研发、设计和末端的品牌、物流、营销,而附加价值最低的是中间的制造阶段,两端附加价值高的部分都是服务业部分。过去我国作为世界工厂在全球产业链中的分工为附加价值最低的制造环节,未来要向产业链的两端延伸,从制造业部分转移到服务业部分。服务业发展最大的障碍就是垄断,很多服务业行业不允许非公资本进入,因此服务业的当务之急是要放开市场准入,并建立公平竞争的市场环境。以前因为企业所有制不一样,所以在市场上的竞争环境不一样,国有企业能够获得更多的经济资源和行政资源,这种情况有违公平竞争的原则,未来必须得到纠正。未来如果要让中国的服务贸易产品具备国际竞争力,必须要放开这些服务业的垄断,允许非公资本进入,通过竞争和优胜劣汰打造出一个具备国际竞争力的服务贸易出口产业。

5. 改变政府收支结构

在税收方面,有必要改革现有的财税体制,降低企业尤其是中小企业的税收负担,因为在经济调整过程中企业会遇到很多经营困难,每一个成本甚至是看似很小的成本都有可能成为"压死骆驼的最后一根稻草"。同时还需要降低电价等企业生产成本,对企业普遍反映的社保费用负担过高的问题,也可以考虑灵活的处理方案,可以考虑财政补贴一部分,或者降低缴纳比例或者允许企业延期分批缴纳。总之,配套措施的原则就是降低企业的实际负担,以期增强企业的竞争力,帮助企业渡过难关。为了挤出资金去承担转型成本,政府在收支结构方面能做的有:

(1)大幅减少基础设施投资支出,并适当减少一些产业的出口退税支出。因为过去长达几十年的基础设施投资已经使我国建立了比较成熟的基础设施,再继续追加大量投资会因为边际收益递减的存在无法取得经济收益最后沦为重复投资和低效投资。随着我国资源禀赋结构的改变,劳动力成本持续上升,一部分产业尤其是一些低端劳动密集型产业已经丧失了国际竞争力,比如打火机生产等产业非常有必要转移到劳动力成本更低的国外去,如果国家用出口退税死撑着这些企业,反而不利于我国产业升级,国家的支出也会成为无效支出,因此建议取消或减少这部分产业的出口退税,倒逼这些产业向海外转移。

(2)通过出售政府持有的国有股和增加国有企业利润上缴比例的方式增加政府收入。过去十多年,国有企业利用垄断地位获取了很多超额利润,要求这些企业上缴更多的利润非常有必要。国家继续持有很多国有股,不仅会因为信息不对称产生的道德风险和逆向选择造成国有企业的低效率,而且还会为了要实现国有资产保值增值而暗中支持这些国有企业,破坏公平竞争的市场环境,因此未来很有必要减持国有股以增加政府收入。

(3)开征资源税增加政府收入。我国很多资源的使用没有征收资源税,有的资源税比例较低,结果造成这部分行业的企业收入太高,煤老板几乎成为土豪的象征,因此增加政府收入可以从这个方面挖掘潜力。同时资源价格过低就相当于变相鼓励大家浪费资源,支持了很多低端的高资源消耗的粗放式发展模式,因此增加资源税非常有利于淘汰部分高资源消耗企业或倒逼他们实现资源利用率更高的技术升级。

(4)大量发行国债增加政府收入。在经济调整期必须明确要由政府来兜底转型成本,而政府的财力会因为减税等降低企业负担政策而被削弱,此时发行国债就是一个很好的选择,相比于美国、新加坡、日本等国债余额和该年 GDP 之比超过 100% 的国家而言,我国发行国债还有很大的空间。只要能够很好地利用这些国债资金维持经济的成功转型和社会的稳定,在未来转型成果集中释放的收获期一定能把这些国债都偿还掉。

6. 进一步放开政府管制

政府的管制还可以进一步放松,比如自贸区能否推广到

更多的城市，把一种更宽松的政府管制变成普惠制的国家政策，自贸区的负面清单可以由地方政府出具，这样更能够结合地方实际尽量使负面清单变短，改变负面清单只能由中央政府出具的局面。还可以更加细分自贸区的功能，可以分为以现代制造业为主的自贸区、以服务业为主的自贸区、以旅游业为主的自贸区、以医疗服务业为主的自贸区和以教育产业为主的自贸区等，对不同定位的自贸区可以使用不同的管理办法。一些在自贸区试点实施的政策，在积累一定政府管理经验之后可以直接推广到全国，成为一种更加开放、更加市场化的政策。土地制度改革和户籍制度改革的步伐需要加快，这样可以促进城市化进程和增加内需减缓经济转型的阵痛。未来经济增长的新增长点可能不会集中在某一个或某几个行业，而是分散出现，起到积少成多、聚沙成塔的效果，要使得新增长点遍地开花就需要系统性地放开政府管制，并鼓励创新创业。

随着低端劳动力成本的上升，产业结构升级成为中国经济保持竞争力的唯一选择。日本和韩国在刘易斯拐点到来后，也面临着劳动力成本上升的问题，他们利用此后的 20 年时间通过提高劳动生产率的方式实现了产业升级。原来的日本、韩国企业也是从生产鞋帽、塑料、纺织品等劳动密集型产品起步，在进入刘易斯拐点后这些产业的发展出现"瓶颈"，劳动力成本的上升使得这些产业失去价格优势。此时两国企业利用在下游产业积累的资本逐步向产业链上端挺进，即把在劳动密集型产业中积累的资本投资到资本密集型行业中，积极发展精密仪器、交通设备、化工产品、电子设备、金属制造、能源生产、家用电器等上游产业和高技术含量产业，实现了产业升级。

市场经济改革的新要点：重要的三项改革[①]

　　现代化经济体系的重要组成部分是市场经济。市场经济实际上就是现代化经济体系的基本运行原则与规则。我国从 1992 年邓小平南方谈话之后就逐渐承认了市场经济，并且全面推进了计划经济到市场经济的转变，使中国经济逐渐转向市场经济的轨道。但是，市场经济改革还未彻底完成，在建立现代化经济体系过程中，市场经济改革仍然是重头戏。当然，现在所讨论的市场经济改革在内容上已与 20 年前乃至 10 年前都有很大的不同。我们认为，目前在建立现代化经济体系中讨论市场经济改革，主要涉及三大内容：有效保护产权、实行混合经济体制、完善市场与形成有信政府。

---

　　① 施戍杰和杨林博士参与了本文的起草。

一、有效保护产权

市场经济的重要内容是保护产权，没有产权保护就谈不上市场经济。目前中国经济治理面临效率与公平的双重挑战。一方面，2011 年以来中国经济的下行压力不断加大，政府刺激政策的作用不断减弱、时效越发缩短，经济增长需要内生重启但步履蹒跚。另一方面，社会公平的矛盾累聚也难以持续，大量违背社会公平的现象长期未能得到纠正，新的不公平矛盾又不断涌出，而人民群众的公平意识、民主意识、权利意识不断增强，对社会不公问题反映越来越强烈。效率与公平的双重压力造成当前中国经济的治理困局：治理政策已不能再简单地牺牲公平换取效率，或是牺牲效率换取公平。破解这一困局需要全面深化改革，其目标就是要在提升效率的基础上实现发展成果的公平分配，让一切劳动力、知识、技术、管理、资本的活力竞相迸发，让一切创造社会财富的源泉充分涌流，让发展成果更多、更公平惠及全体人民，推动经济更有效率、更加公平、更可持续发展。如何才能在全面深化改革中统一效率与公平？回答这一问题的关键在于认清造成当前治理困局的内在根源。我们认为，当下中国经济的效率与公平之所以遭受严重威胁，均在于产权未能得到有效保护。因此，我们应在全面深化改革的顶层设计中更加强调保护产权，这是统一效率与公平的核心点。

1. 有效保护产权与提升效率

经济增长的源泉有四个：劳动力、物质资本、人力资本与技术。提升效率，就是要充分发挥这四大要素的作用。而中国当前出现的劳动激励不足、物质资本低质、人力资本流失、技术发展滞后等严重问题的深层次原因，就在于产权缺乏有效的保护。因此，提升效率，实现中国经济转型升级，关键是进一步保护产权。

第一，有效保护产权是消除福利主义与民粹主义社会影响的前提，能够形成崇尚劳动的社会风气。

无论是简单劳动还是复杂劳动，无论是生产劳动还是管理劳动，无论是常规劳动还是创新劳动，劳动始终是我们产出经济成果的根本路径。激励个人劳动，是通过劳动能够获得消费品以增加自身福利。但问题在于，获取消费品的途径却不是仅有劳动。相较于耗费体力与脑力的劳动，另一种方式不增加社会财富却要轻巧得多，那就是侵占他人劳动成果的分利行为。这在当代中国表现为福利主义与民粹主义。福利主义者坐等政府补贴，但政府财政收入不是凭空得来的，其占用的是那些劳动者缴纳的税收。民粹主义者以穷为荣，试图以"打富济贫"实现自身富有，其实质是假借"革命"之誉而真行动乱之实。这两种思想产生的根源，就是无视他人产权，缺乏产权保护的自觉意识。农村靠自身勤奋努力而致富的人曾形象地说，只有好吃懒做的"二流子"才会忽视产权，在产权上实行无"政府主义"。或许有人会争辩，当前存在一些地方政府通过侵犯个人产权获取财富的情况，存在一些富人违背法律聚敛钱财的事实，"赖"政府的钱、"劫"富人的钱是将百姓的劳动成果归还百姓。这种想法是极端错误的！上述问题绝不是实行福利主义与民粹主义的理由！其产生恰恰源于少数官员与富人对大众产权的侵犯！想要合理化政府收入、使之充分用之于民，想要保证致富者均源自勤劳努力，只能依靠有效保护产权。保护产权是经济制度的范畴，是形成勤劳致富社会意识的重要制度保障。这种制度一旦形成，有助于校正那种不依靠自身勤奋努力而是试图侵占别人产权以实现富有的不健康思维，有助于形成崇尚劳动的良好社会风气。

第二，有效保护产权是践行"两个毫不动摇"的制度基础，能够增进物质资本积累的质量。

虽然新古典增长模型预测，长期经济增长中人均物质资本最终会收敛到稳态值，但在中国的工业化与城镇化远未完成的当下，物质资本积累仍是吸引农村劳动力转移、促进经济转型升级的物质支撑。当前中国经济面临的问题不在于是否积累物质资本，而在于如何增进物质资本积累的质量，让累积的资本更少消耗资源、更多产出商品、更能满足需要。这要求进一步松绑民营经济，进一步改革国有企业，让各类产权形态成为平等的投资主体，在市场竞争中促进彼此、优势互补、共同发展。因此，我们必须毫不动摇地坚持和发展公有经济，毫不动摇地坚持和发展非公有经济。"两个毫不动摇"决定中国经济成为混合经济体制：在宏观结构上，国民经济中既有公有经济，又有非公有经济，共同推动经济持续发展；在微观结构上，企业中既有公有产权，也有非公有产权，共同促进企业经营活动。不同产权在宏观结构与微观结构中的竞争与融合，以及这种竞争与融合所引发的产权边界界定，让平等保护产权成为社会经济生活的核心问题。因此，中国特色社会主义基本经济制度在坚持"两个毫不动摇"时，就应该把平等地保护各类所有制产权作为根本原则。从这一点上讲，有效保护产权是中国特色社会主义基本经济制度的重要构成部分，是中国特色社会主义基本经济制度的应有之义。

第三，有效保护产权是消弭移民潮与维护社会稳定的关键，能够保障人力资本的长久累积。

人力资本是中华民族伟大复兴的关键支撑。历史上的大国崛起总是与人力资本的积累息息相关。例如，英国在 18 世纪确立霸权，很大程度上归功于因欧洲大陆的种族与宗教迫害而流入的人才。再如，第二次世界大战后美国霸权确立，也在很大程度上得益于因纳粹迫害和欧陆战争而涌进的科学与人文学者。践行中国梦迫切需要第三次世界人才大转移，但中国当前却出现了规模巨大而又隐蔽晦暗的移民潮。移民者大多是财产所有者。由于拥有知识、技术与企业家精神能更容易获得财产，这些移民者也多是人力资本所有者。他们为什么要积极移民？其最主要的原因，并非像一些学者认识的那样是为享受发达国家的社会福利，而是担心自己的产权不能在国内得到有效保护。这种非正常移民的后果非常可怕，它造成了物质资本与人力资本的双重流失，同时也动摇了社会的稳定，而社会的不稳定又将进一步削弱物质与人力资本的投资意愿。这是因为，有产者最害怕社会动荡，是最需要稳定的。在中国,维护稳定的主要社会基础就是那些在 40 年改革开放中受益而积累起自身财富的人。但只有保护他们的合法产权,他们才会成为社会稳定的中坚力量。因此,践行中国梦,社会主义基本经济制度就不可能一成不变,就必然随经济发展和社会变革而不断调整和完善。在当前,社会主义基本经济制度应更加注重保护产权,尤其是放松对私人产权的限制。我们必须认识到,经过 40 年的改革开放和经济发展,人民群众普遍希望拥有自己的财产,很大一部分已经成为有产者,人们越来越注重对自身产权的保护。保护自身产权已是民意所向。社会主义基本经济制度应充分反映和体现这种迫切愿望。

第四,有效保护产权是破除"山寨风气"的根本举措,能够推动技术的持续进步。

作为人类社会发展的动力之源,技术的持续进步有赖于四大基础的支撑:知识产权保护的法律基础、研发投资的物质基础、技术市场的组织基础与研发人员的人才基础。其中,知识产权保护是其他三项基础赖以实现的前提。但长期以来,由于对知识产权的实质性保护较弱,一出现某款新产品,其他企业便以更加低廉的价格"山寨"。表面上,"山寨"商家获得利润,技术实现扩散,消费者得到实惠。但实质上,"山寨"破坏了技术进步的根基,自主创新的激励严重不足,跟风、模仿、剽窃却蔚然成风,最终侵害消费者的长远利益。其一,缺乏产权保护,"山寨风气"会损害技术研发投入,滞缓技术创新。技术创新是技术进步的源头。但技术创新面临巨大的不确定

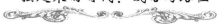

性,需要不断试错与积累,成本高昂。"山寨"无须创新成本,这是"山寨"商品价格低廉的根本原因。创新企业通过研发投入发明新技术,是为了获取超额利润。没有知识产权的有效保护,利润将会被"山寨"商家侵蚀。因此,如果谁都可以"山寨"别人的技术创新,企业必然不会下大力气投资研发,而是琢磨如何"山寨"别人的新技术,技术进步就成了无源之水。其二,缺乏产权保护,"山寨风气"会破坏技术市场运行,限制技术扩散。表面上,"山寨"能够更快普及新技术,并通过避免企业"重复性"创新而节约社会成本。但实际上,通过市场传播技术比"山寨"更有效率。一方面,在保护知识产权的情况下,新技术可以在技术市场中流动组合。最为需要也就是最能有效利用某项技术的企业,最有动力向原创企业引入该技术,支付创新成本的价格也最高,从而实现技术资源最优配置。另一方面,一些高精尖产品的技术集成,如芯片、高铁、飞机,无法通过低水平重复的"山寨"来实现,只能依靠市场交易完成各项技术的组合。而如果没有知识产权的清晰界定与有效保护,如果允许"山寨"广泛存在,就不可能存在技术市场。其三,缺乏产权保护,"山寨风气"会弱化研发人员激情,阻碍知识创新与传播。知识产权保护不是"秘方",不是要阻碍知识交流与发展,而是禁止未经授权就采用这些知识去生产商品。如果知识产权得不到有效保护,即便产权是归企业而非研发者个人所有,作为其引致需求的研发人员也难以获得相应的激励,从而难以实现人力资本与物质资本的有效结合。而新知识的创造者也就更不愿意其知识被分享与传播，不利于知识创新正外部性的溢出。

2. 有效保护产权与促进公平

中国的社会不公平问题日益突出，表现在收入差距拉大、国有资产流失、征迁恶案频发、储蓄资产贬值、民企发展受困、黑恶势力膨胀、贪污腐败蔓延、集资乱象加剧、特权侵犯人权等各方面。这些问题的根结已不是简单的收入分配，而是财产获取权利、财产积累机会与财产交换规则的不平等。促进社会公平必须要交还百姓私权、转变政府职能、约束公共权力，其关键仍是进一步保护产权。

第一，有效保护产权能够将私权交还个人，实现财产获取权利的平等。

当前中国收入差距过大的一个重要原因是财产获取权利不平等，它导致财产性收入出现极化。一个最典型的例子：在法律上归全体民众所有的赢利能力极强的资产，没有能够惠及民众，反而被个别人通过廉价方式攫取并一夜暴富；而普通居民积累的大量金融资产却未能随着经济增长升值，占金融资产比重最大的储蓄存款甚至贬值，居民的金融财富实际上是在向垄断金融部门隐性转移，难以实现富有。实现财产获取权利平等的关键是将私权交还个人，这需要产权得到有效保护。首先，有效保护国有产权，严禁国有经济中的贪腐与国有资产流失，让全体民众享受到国有资产红利。在当前国资委集国有资产监管职能与经营职能于一身的体制下，国有产权的社会职能与赢利职能无法有效区分，从而难以实现对国有产权的有效保护。在这种体制下,国有产权的所谓社会职能,常常成为国有产权实际控制者侵吞国有产权经营收益的掩护与渠道,甚至以此将侵吞国有资产"体制化""合法化",从而使全民所有制财产异化成为某个社会群体的财富来源。应将国有资产经营权从政府系统中分离出去并上缴国有资产红利,让其所有者,全体人民,能够真正监管全民所有制财产的运营,能够真正享受全民所有制财产的收益。其次,有效保护农村土地产权,防止地方政府与开发商为瓜分地租恶性拆迁,让广大农民能够切实享受到土地增值收益。这包含两个层面:一是实化农民作为集体成员对农村土地的所有权,与城市土地的国家所有权相对应,实现同权同利;二是实化集体所有而由农民承保的土地使用权,与城市土地的居民使用权相对应,实现同权同利。这要求切实遵照宪法,界定政府与农村土地产权的关系。政府征用农村土地,只应用于公益性建设,且给予足够补偿。而用于非公益性建设的农村土地,政府不能再作为交易主体,只能收取相应税收;农民应成为交易主体且自由进入市场,获取绝对地租与级差地租。最后,有效保护居民储蓄资产,打破国有金融体系的市场垄断,让亿万储户享受到经济增长中的储蓄收益。作为高速增长的发展中国家,中国应具有高于发达国家的资本收益率。但现实却是,一方面中国居民拥有的庞大储蓄资产的利率极低甚至为负;另一方面有效率的民营企业却出现融资难,实际贷款利率极高。保护储蓄资产的关键是金融市场去垄断化,消解国有金融体系的垄断利润,让居民的储蓄供给与企业的投资需求有效结合。

第二，有效保护产权能够纠正政府职能错位，实现财产积累机会的平等。

不同产权性质的财产应在市场中平等竞争，由劳动生产率最高的一方实现财产的累积。但现实中，民营经济难以获得与公有制经济平等的资源使用和市场进入条件，造成市场竞争的机会不均等。而市场竞争中私人产权与公有产权机会不平等的根源在于，政府总是试图经营产权却没有把重心放在保护产权上。这是中国当前难以厘清国家与市场、政府与企业、监管与经营、宏观与微观等诸多社会经济关系的最主要原因。政府经营产权的结果只能是政资不分与政企不分，从而导致在产权上由政府经营与非政府经营的经济主体无法实现平等经营、平等竞争、平等发展，对各种所有制产权平等保护实际上就成了一句空话。财产积累机会的不平等会衍生出一系列的社会不公平问题。在政府经营公有产权越位而保护私人产权缺位的条件下，有的民营企业为保护自身财产，不得不依靠非政府力量，结果助长黑恶势力，甚至会形成"黑社会"存在的"温床"；有的民营企业为获取投资项目，不得不对政府中的一些人行贿，结果贪腐问题日益严重；有的民营企业为筹集发展资金，不得不搞社会集资，结果产生信用与债务乱象。可以说，黑恶势力、贪污腐败、集资混乱等负面社会现象的产生，从经济制度层面上讲，很大程度上是因为产权未能得到有效保护。而要实现有效保护产权，尤其是平等保护私人产权与公有产权，政府就必须从竞争经营性活动中退出。这其实就是要求彻底转变政府职能，从而倒逼政府体制改革，真正建立起服务型政府。

第三，有效保护产权能够让公众约束公权，实现财产交换规则的平等。

保护产权延伸到政治层面就是保护人权。人权面前人人平等，这是人类现代社会最核心的价值观。但我国目前公众积怨较多的一个重要问题，却是现实中特权的普遍存在，人权往往被特权所侵犯。这一问题的经济根源就在于现实中财产等价交换的规则极易受到破坏。我们知道，财产交换所体现的不只是物与物的关系，也不局限在人与物的关系，而是体现了承载于物中的人与人交往的权利关系。其实，人权的一项基础性内容就是财产权。人人平等参与、平等发展的权利，经济内涵就是获取财产权利与积累财产机会的平等，而这又以财产交换规则的平等为前提。可以说，不保障财产的等价交换，就难以奢谈保护人的权利，也就无法实现人与人的平等。那么，谁在侵犯财产的等价交换规则呢？当前，虽然存在私人与私人之间的财产侵害问题，但财产等价交换面临的最大问题仍是公共权力对私人产权的侵害。在中国，公权高于私权、公共权力可以随意侵犯私人产权的社会意识根深蒂固，政府的权力缺乏实际的制约。这就导致公权的实际执行者，以及他们的"俘获"者，具备侵犯他人产权以增加自身利益的特殊权力。也就是说，扭曲财产在市场中的交换规则，不等价交换。因此，保障财产等价交换，关键是要实现权力制衡，由公众约束公共权力。我们应卸下一些无谓的"包袱"，公众对公共权力的约束不是西方资本主义的特有产物，而是中国共产党自身的追求目标。早在延安时期，我们党就强调，跳出盛衰治乱的关键是让人民来监督政府。公众约束公权的根本举措就是要有效保护私人产权，使其不受公共权力侵犯。这包括三点：第一，实现司法权独立于行政权。第二，由于财产权属于司法权，行政权不能干涉私人财产。第三，司法权自身对私人产权的干预也要求法庭授权。

3. 如何在全面深化改革中有效保护产权

当前的全面深化改革并不复杂，核心就是要有效保护产权。产权一旦得到有效保护，资源价格及要素价格在市场博弈中自然走向市场化，利率市场化和汇价市场化自然就能推进，市场决定资源配置也就得以实现。产权一旦得到有效保护，人们自然就会勤劳实干，自然注重长期投资，而不是相互欺诈恶斗、沉迷于短期投机。产权一旦得到有效保护，企业家队伍自然形成，人力资本自然回流聚集，企业家队伍壮大与人力资本累积是同保护产权的状况成正比的。产权一旦得到有效保护，企业自然投资于技术创新，人才自然致力于创新技术，创新驱动战略就能够实现。产权一旦得到有效保护，财产分配机制自然趋向公平公正，交易双方的利益自然实现共享双赢，人与人之间就能够实现平等包容。产权一旦得到有效保护，政府行为自然会受到约束，政府与市场、政府与企业的权力边界自然会得到清晰界定，转变政府职能、改革政府体制也就能够实现。因此，改革能否完成最深层次的制度保障，统一效率与公平，就在于能否有效保护产权。

那么，怎么样才能做到有效保护产权呢？有两大要点：一是建立新的公众意识；二是改革旧的法律体系。

第一，改革理论体系，汇聚尊重产权尤其是私人产权的公共意识，是让产权得到有效保护的思想基础。

改革开放以来，中国公众的产权意识逐步形成但极为混乱。一方面，由于外来的理念冲击与蓬勃的市场大潮，获取自身财富、保护自身产权已经成为广大百姓的共同愿望。另一方面，由于长期的理论宣传和分化的贫富差距，仇恨他人财富、轻视他人产权也成为日渐普遍的大众心理。公众意识的混乱源于理论的纷争与缺失。新古典经济学赋予了公众追求自身财富的合理性，但立足代表性消费者与厂商的一般均衡模型，未能探讨产权的作用机制，也未能预见产权分配不平等的社会后果，无法深刻解释当前中国社会中的各种矛盾。对马克思经济学的传统理解，虽能正确认识到产权分配的根本性意义，并能深刻洞察财产被少数人占有导致的社会矛盾，却只会得出私人产权必然导致两极分化从而与共同富裕相违背的结论。有理论试图运用"主体论"统合前两种思想，既肯定私人产权能够通过个人利益激发效率，从而不断强调提升私人产权地位、释放私人产权活力，却仍然坚持只有公有产权才能推进社会公平，从而公有产权的主体地位不可动摇。但如此一来，保护私人产权就转化为促增长、增就业、取税收的手段，就局限为阶段性任务，剥夺私人产权仍然是最高的社会理想。上述理论各有长短、相互僵持，撕裂纷乱公众意识。如果认为自私自利是天经地义，如果又认为私有财产是源于剥削，那么产生如下的社会心理也就不足为奇：他人财产被剥夺是不必给予同情的，甚至只有剥夺他人财富才能富有自身。这将无法产生有利于私人产权保护的意识形态，也就无法真正实现有效保护产权。

建立尊重私人产权的公共意识，必须从传统的意识形态束缚中解放思想，必须在全面理解马克思经典理论的基础上进行理论创新。事实上，保护产权尤其是私人产权与共同富裕并不矛盾。马克思深刻洞察产权平等的根本重要性，但平等产权并不意味着只能通过消灭私有制实现财产的共同占有。马克思其实区分了两种私有制：第一种是劳动者与生产资料的直接结合，称为小生产者私有制；第二种是同广大无产者相对立的生产资料少数人占有，称为资本主义私有制。其中，第一种私有制是实现自由与个性的前提，却无法与社会化大生产兼容，最终被第二种私有制取代；第二种私有制创造出巨大的生产力，但导致产权分配的深刻不平等，最终将因矛盾的累积而被"炸毁"。马克思号召的"消灭私有制"，是要消灭第二种私有制，从而在生产资料共同占有的基础上重建个人所有制。中国当前保护产权，尤其是私人产权，不是要形成第二种私有制，而是要在社会化大生产中重建第一种私有制。我们应当承认这是可行的。一方面，大生产并不必然取代小生产。市场环境复杂多变，企业管理与计划存在成本，且生产规模越大成本上升越快。因此，每一轮新市场的发现、新技术的发明，更多源自灵活多变的小企业。另一方面，保护私人产权并不必然出现资本与劳动的对立格局。通过实现财产获取权利的平等、财产积累机会的平等与财产交换规则的平等，生产资料的分布聚合将由个人努力程度，即劳动决定。因此，不讲前提地说私人产权是罪恶之源、公有产权道德至上是错误的，任何形式的合法产权都是阳光的，都应该被尊重。通过真正形成科学的产权理论，在保护自身产权的同时尊重他人产权就会成为一种公众意识。

第二，改革法律体系，全面并平等地保护各类产权尤其是私人产权，是让产权得到有效保护的制度基础。

产权就其形态来讲，包括物质产权（资源、土地、货币资本、设备及各种生产资料等）、知识产权、劳动产权（个人对自身劳动的所有与支配）；就其功能来讲，包括占有权、使用权、收益权、处分权。有效保护产权就必须全方位地保护产权的各个形态与各项功能。但长期以来，我们对产权的保护，重有形的产权，轻无形的知识产权；在物质产权的保护中，重人为创造物的产权，轻自然馈遗的资源、土地等产权；在土地产权，尤其是农村集体土地产权的保护中，又重占有权与使用权，轻收益权与处分权。这样的产权保护是极不完备的，难以发挥产权的应有作用。党的十八届三中全会通过的《中共中央关于全面深化改革若干问题的决定》（以下简称《决定》），明确要求加强知识文化、自然资源、农村土地三个方面的产权保护。当前推进对产权全面保护，就是要将《决定》落到法律体系改革的实处。

产权就其所有者来讲，包括国有产权、自然人产权、共有产权、法人产权、社团产权、社区产权等。有效保护产权就必须彻底平等地保护各种所有制属性的产权,并将这一原则贯穿于从宪法到刑法和民法的整个法律体系上。但长期以来,我们重公有产权保护而轻私人产权保护,公有产权与私人产权不平等是我国现行法律体系的重大缺陷。《宪法》是根本法,规定了国家的根本制度和根本任务,宪法领域不平等必然会影响到刑法、民法等整个法律体系的各个方面。因此,当前最核心也是最紧迫的,是在宪法领域破除所有制歧视,平等保护公有产权与私人产权。在前文的论述中我们已经知道,这样做并不与共同富裕相矛盾,也不与社会主义意识形态相背离。习近平总书记在对《决定》的说明中也明确,"改革开放以来,我国所有制结构逐步调整,公有制经济和非公有制经济在发展经济、促进就业等方面的比重不断变化,增强了经济社会发展活力。"我们完全没有必要再在宪法中强调某一种所有制必须居于主体地位,没有必要在让市场起决定性作用的改革新阶段,再为了维系特定的所有制结构而干预、束缚甚至扭曲市场。其实,改革开放以来我们对《宪法》曾做过多次修订和完善,一些修订甚至是根本性的。例如,紧随 1992 年邓小平南方谈话,我们在 1993 年通过《中华人民共和国宪法修正案》,将《宪法》第十五条从"国家在社会主义公有制基础上实行计划经济"修改为"国家实行社会主义市场经济"。这一举措在宪法层面上保障了市场经济,极大地鼓舞了中国体制改革的深化与经济的高速发展。当前,我们应当也可以在宪法层面进一步释放保护产权的积极信号,也就是对《宪法》第

六条作出修订:模糊掉以公有制为主体这一硬性要求,只强调实现共同富裕的社会主义经济制度属性,提出发展混合经济,让各种经济成分与投资主体平等竞争、相互融合、优势互补、共同发展。

破解目前中国经济治理困局,必须要在全面深化改革中统一效率与公平,其核心点就是有效保护产权。有效保护产权能够形成崇尚劳动的社会风气、增进物质资本质量、累积人力资本、推动技术进步,从而提升效率。有效保护产权也能够实现财产获取权利的平等、财产积累机会的平等、财产交换规则的平等,从而促进公平。在全面深化改革中有效保护产权需要做到两点:一是创新理论,正确认识到保护私人产权与共同富裕的逻辑统一,汇聚尊重产权尤其是私人产权的公共意识。二是改革法律体系,全方位地保护各个形态与各项功能的产权,彻底平等地保护各种所有制属性的产权,尤其在宪法领域破除对私人产权的所有制歧视。

二、实行混合经济体制

从产权制度来看,市场经济的产权制度的基本实现形式就是混合所有制经济。混合所有制经济既包含不同经济成分的混合,也就是国有资本、集体资本、私人资本的混合;也包含不同投资主体的混合,也就是同属私人资本但归属不同所有者的个体资本的混合;既表现为社会形态的混合,也就是涵盖不同经济成分与投资主体的企业类型在整个国民经济中共存互补并共同发展；也表现为企业形态的混合，也就是不同经济成分与投资主体共同创办和共同经营某个企业，最典型的形式是股份制，最成熟的形式是上市公司。在社会结构与企业结构的双重层面，不同经济成分与投资主体的组成比重与混合程度，构成了混合所有制经济的产权安排。

我们知道，政府与市场的关系是经济体制改革的核心。党的十八届三中全会提出，让市场在资源配置中起决定性作用，标志着中国的经济体制改革已经进入到新的阶段。作为经济体制改革的重要方面，产权制度改革也将继续深化，也就是按照"市场决定论"安排混合所有制经济的产权结构。但理论界对于当前在混合所有制经济中建立什么样的产权安排，争论很大。

争论的第一个层面，围绕混合所有制经济企业形态的产权安排。一是谁混合谁，到底是公有资本走出去，"混合"其他民营经济；还是私人资本引进来，"混合"当前的公有制经济？二是以谁为主，在企业内部到底是坚持公有资本绝对或相对控股，还是允许私人资本绝对或相对控股？要回答这两大问题，就要扩展到整个国民经济领域，进入到争论的第二个层面。

争论的第二个层面，围绕混合所有制经济社会形态的产权安排，焦点是社会结构中国有经济、集体经济、民营经济的相对构成。争论的一方质疑，如果是民营经济"混合"公有制经济，允许私人资本绝对或相对控股，这一产权安排会不会动

摇公有制经济的主体地位,从而违背社会主义本质? 争论的另一方担忧,如果是公有制经济"混合"民营经济,坚持公有资本绝对或相对控股,这一产权安排会不会引发新一轮的"国进民退",进而走改革的回头路?

上述争论已经束缚改革实践,而产生争论的根源是,扩大私有制相对作用的现实需求与保障公有制为主体的制度框架相冲突。我们认为,真正解答上述争论,就不能先验地将公有制的主体地位等同于社会主义制度属性,而是要追问究竟什么样的产权安排能够促进共同富裕? 在市场发挥配置资源决定性作用的条件下,混合所有制经济的产权安排会出现不以个人主观意志为转移的变化。应打破姓"公"姓"私"的思维定式,正确认识这一产权安排既是对作为积累体制的公有制的扬弃,也是对作为剥削体制的私有制的扬弃,能够促进共同富裕。

1. 混合所有制经济的产权安排分析

混合所有制经济是由不同经济成分、不同投资主体在社会形态与企业形态的混合所构成。因此,混合所有制经济的产权安排包含三个维度:不同经济成分混合的社会形态,也就是公有制经济与民营经济在社会结构中的分布;不同经济成分与不同投资主体混合的企业形态,也就是公有资本与分属不同所有者的个体资本在企业结构中的分布;不同投资主体混合的社会形态,也就是由单个或少数投资主体所组成的小微企业与由较大量的投资主体所组成的规模化股份制企业在社会结构中的分布。随着经济体制改革的不断深入，政府与市场的关系不断变革，混合所有制经济三个维度的产权分布也在不断变化，呈现出新的阶段性特征。

（1）产权安排的第一阶段：1978—1992 年

党的十一届三中全会以后，我们开始承认市场在资源配置中的局部性作用。生产要素的流动突破指令计划限制，逐步瓦解"一大二公"的所有制结构，出现不同经济成分并存的社会形态，形成混合所有制经济。由于计划经济仍然占据主体，私有产权虽然允许存在，却被限制在"必要补充"的范围内。因而，这一阶段混合所有制经济的产权安排呈现以下特征。在第一个维度：农村土地承包户与城市个体工商户如雨后春笋般遍及全国。其实质是劳动者掌握自身生产资料的小生产者私有制，能够激发劳动者的积极性，在短期内释放出巨大的生产能力，但不具备规模生产的潜力。乡镇企业异军突起，其实质是劳动者联合掌握生产资料的集体所有制，相较个体经济具有规模效应、相较国有企业更加自主灵活、相较民营企业具备政策优惠，这一时期优势明显，但资本结构与治理结构过于僵化。在第二个维度：股份制出现试点，企业形态的混合所有制零星出现，但多为中央各部门、地方各政府隶属国有企业的混合，没有显现出明显优越性。在第三个维度：家庭农户、个体工商户、集体企业、民营企业规模小且投资主体单一，通过吸收社会资本规模化生产的难度大。

（2）产权安排的第二阶段：1992—2013 年

党的十四大以后，我们开始承认市场在资源配置中的基

础性作用。生产要素在全国范围流动,市场竞争逐步激烈,不同经济成分与不同投资主体在社会形态与企业形态聚合交融。随着市场作用范围扩大,私有产权被承认为"重要组成部分",并逐步被给予形式上的"国民待遇"。但政府仍然掌握着大量的社会资源,能够通过控制宏观经济流量调控市场,以维系公有产权的"主体性"。因此,公有产权与私有产权事实上仍不平等。在这一阶段,混合所有制经济的产权安排呈现以下特征。在第一个维度:随着市场竞争越发激烈,社会化大生产的重要性开始凸显,个体小农经济逐步式微,乡镇企业大量突破产权结构限制转型为民营企业。随着国有企业大规模调整产业布局,民营企业在劳动密集型产业方面发展迅速,发展空间一度得到迅速拓展;国有企业逐步退出劳动密集型产业而进入资本密集型产业,并通过行业壁垒、红利免缴、资源廉价,获得巨额垄断利润。在第二个维度:股份制企业虽然不断增加,但无论是股市直接融资还是银行间接融资,均偏向国有企业而压抑民营企业,影响后者的社会化发展。在股份制国有企业内部,存在国有股"一股独大",常常侵害个体投资者利益。有少数民营企业在国内外上市成功融资。在第三个维度:由于小微企业难以获得银行贷款与上市资格,且税费负担过重,其成长常常受阻于严重的发展"瓶颈"。

（3）产权安排的第三阶段:由党的十八届三中全会开启

党的十八届三中全会通过《中共中央关于全面深化改革若干重大问题的决定》,要求让市场在资源配置中起决定性作用。在市场决定资源配置的条件下，各生产要素将打破国度、区域、部门、企业、经济成分的限制，充分流动、竞争、重组、融合，形成以效率为导向而冲破各种障碍的产权安排。资源在自由竞争中将被配置给效率最高的企业而不问企业的产权属性，突破所有制结构对资源配置的桎梏，从而要求私有产权与公有产权的彻底平等。而如果硬性维持特定的所有制结构，硬性维持某一特定经济成分的主体地位，政府就必须要干预、束缚甚至扭曲市场，以对特定经济成分扶持倾斜，其后果就是经济非效率。正是基于这一点，《决定》要求实现私有产权与公有产权地位平等，"公有制经济和非公有制经济都是社会主义市场经济的重要组成部分"；保护等同，"公有制经济财产权不可侵犯，非公有制经济财产权同样不可侵犯"；相互联合，"鼓励非公有制企业参与国有企业改革，鼓励发展非公有资本控股的混合所有制企业"。

第一，在不同经济成分混合的社会形态层面，实现竞争性领域国有企业非国有化。

由市场发挥配置资源的决定性作用，各种经济成分将获得政治上、法律上、资源配置上、投资经营上、竞争环境上的真正平等，各生产要素自由流动必然突破不同经济成分的行业限制。一方面，政府将放开资本、能源密集型行业的准入门槛，从而打破国有企业的垄断经营。另一方面，政府将不再给予国有企业以廉价的资金、资源与土地，从而消除国有企业的竞争特权。在这样的条件下，国有企业自然就会在与民营企业竞争、兼并、重组中实现非国有化。国有企业布局也将相应

调整,集中于提供公共服务、发展前瞻性战略性产业、保护生态环境、支持科技进步、保障国家安全等具有外部性的公共服务领域或自然垄断领域。

第二,在不同经济成分与不同投资主体混合的企业形态层面,实现规模企业股份化。

由市场发挥配置资源的决定性作用,各种经济成分与不同投资主体将发挥各自优势,取长补短、优势互补、共同发展、相互融合,各生产要素自由流动必然突破不同经济成分与投资主体的企业限制。一方面,政府将允许其他经济成分进入国有独资企业,并不再追求对企业的绝对控股。这将能够排除行政因素对企业的干扰,实现政企分开,让企业真正成为市场主体。另一方面,民营独资企业将更容易获得公开上市的机会,纳入其他投资主体,实现资源的跨企业交换、重组与集聚。这将能够突破家族血缘对企业的束缚,实现生产社会化。在这样的条件下,集中于公共服务领域和自然垄断领域的国有企业将实行股份化,私人资本进一步扩大相对比重;竞争性领域规模化的民营企业也将股份化,实现产权主体的多元。由于公有资本红利全民共享,私人资本红利因股权分散实现广泛获取,这将有利于社会和谐。

第三,在不同投资主体混合的社会形态层面,实现小微企业广泛与成长化。

由市场发挥配置资源的决定性作用,社会中的所有个体都能够成为市场参与者,在利润引导与竞争鞭策中发挥其创造性,自由寻找市场机会、组合生产要素,并在不断试错中优胜劣汰，从而实现小微企业的广泛创立与不断成长。一方面，通过创立小微企业，民众能够直接掌握生产资料，获取财产性收入。另一方面，通过向有效率的小微企业融资，民众能够实现个人财产的不断增殖。在这样的条件下，大量小微企业将持续创立，并具备通过股份化实现规模经营的通畅渠道。在社会形态上，小微企业、合伙企业、股份有限公司与上市公司将梯度分布与垂直流动，实现资源在各类企业载体中有效配置，最大限度地创造社会财富。

2. 姓"公"姓"私"不是判断能否促进共同富裕的标准

我们常常是以公有资本与私人资本在企业结构中的比重，公有制经济与民营经济在社会结构中的占比，作为能否促进共同富裕的标准。其内在逻辑是将共同富裕等同于公有制，认定私有制导致两极分化，因而将公有制作为社会主义的经济基础。这并不正确！私有制不等于两极分化，公有制也不等于分配公平。新阶段，混合所有制经济的产权安排既是对作为剥削体制的私有制的扬弃，也是对作为积累体制的公有制的扬弃，它构成一种新的经济形态。

第一，私有制不等于两极分化。

一些同志很抵触私有制，总认为"私"是万恶之源，"私"是"资本主义"，"私"会导致两极分化。这是对马克思的误解！马克思区分了两种私有制。第一种私有制是劳动者与生产资料的直接结合，称为小生产者私有制。马克思肯定了这种私有制中生产资料的个人占有是实现自由与个性的前提，

但同时指出它与社会化大生产不相容,最终会被第二种私有制所取代。第二种私有制是同广大无产者相对立的、生产资料被少数人占有,称为资本主义私有制。马克思肯定了这种私有制创造出巨大的生产力,但同时强烈批判其等价交换外衣下的深刻不平等。马克思所号召的"消灭私有制",就是要消灭第二种私有制。因此,导致两极分化的并非私有制一般,而是一种特殊的私有制,是广大劳动者作为劳动力商品与生产资料少数人占有的严格对立。在资本主义私有制中,两极分化产生的关键在于剩余价值被资本所有者全部占有,劳动者只能够得到劳动力价值,不断再生产劳动力自身,而无法掌握生产资料。因此,避免两极分化的关键是让劳动者获取剩余价值。

在混合所有制产权安排的新阶段,劳动者能够获取剩余价值。第一个来源是政府转移支付。一些同志认为,转移支付不改变所有制,因此不是影响收入分配的关键。并非如此!转移支付让劳动者获得剩余价值,是个体资本的重要来源,恰恰可以改变作为剥削体制的私有制。第二个来源是公有资本利润。公有资本集中在公共性与垄断性行业,垄断企业的利润能够通过公有资本分配至全体民众。第三个来源是工资。随着劳动生产率提升,劳动力价值下降,当降幅超过企业增加资本有机构成而降低工资幅度时,新增的相对剩余价值就由劳动者与资本所有者共享。劳动者的剩余价值可以转化为个体资本,进而在资本累积中不断获得财产性收入。

在混合所有制产权安排的新阶段,劳动者的个体资本可以通过股份制实现生产的社会化。这是对资本主义股份制的扬弃。马克思认为,资本主义股份制"是作为私人财产的资本在资本主义生产方式本身范围内的扬弃","那种本身建立在社会生产方式的基础上并以生产资料和劳动力的社会集中为前提的资本,在这里直接取得了社会资本(即那些直接联合起来的个人的资本)的形式,而与私人资本相对立","应当被看作是由资本主义生产方式转化为联合的生产方式的过渡形式"。但是,资本主义股份制的本质仍是生产资料的少数人占有,是第二种私有制历史条件下的资本家的联合。而混合所有制经济中的股份制安排,则是每一个劳动者的个体资本的联合。每一个劳动者都有平等的权利占有剩余价值,都具有平等的机会积累资本,都在平等的规则中等价交换,从而实现第一种私有制与社会化大生产相兼容。

第二,公有制不等于分配公平。

公有制至少存在两种形态。第一种是作为自由人联合体的经济基础,是生产力高度发达之后在生产资料共同占有的基础上重建的个人所有制。这是马克思意义上的社会主义公有制,其历史任务是扬弃资本主义私有制,实现共同富裕。第二种是实施经济赶超、打破低水平陷阱、加快原始积累与资本积累速度的积累体制,是生产力水平低下之时在政府占有生产资料的基础上建立的替代资本家积累资本的所有制。它既出现于直接建立社会主义的落后国家,也出现于实施赶超发展的非社会主义发展中国家,其历史任务是扬弃小生产者私有制。作为积累体制的公有制,在特定发展环境中是必要的,但绝不应冠以共同富裕的基础之称。

作为积累体制的公有制极易导致分配的不平等。其根源在于,作出消费与积累选择的,不是基于自身效用最优的个人,而是以增长为主要目标的政府。当政府利益与个人利益不一致时,个体福利就会受到损失,造成分配不公。第一,积累型公有制的资本积累极易损害部分社会群体的利益。新中国成立初期,公有制经济的剩余积累主要来源于农村,正是为了将剩余从农村转移到城市,我们建立了严格的城乡二元分割制度。农民承担了城市工业积累的巨大成本。改革开放以后,公有制经济以保值增值为目标,虽不再直接依靠政府投入,但其剩余积累主要来源是通过行业垄断、资源廉价、红利免缴、融资易得获取的超额利润,是以分食民营经济利益为代价。第二,积累型公有制极易导致资本过度积累,损害个体福利。在经济发展初期,较高的储蓄率是经济起飞的前提,也是个人的最优选择。但随着经济持续发展,个人最优的储蓄率会不断下降,而政府却仍具有保持高储蓄率的倾向。在作为积累体制的公有制条件下,价值的创造者是劳动者,但他们只能享受到其中很少的一部分,大部分剩余作为全民所有的财产又会不断地投入到积累中。

在混合所有制产权安排的新阶段,公有资本集中于非竞争性领域,以提供公共服务为目标,资本收益将由全民共享;在竞争性领域,个体将自主选择积累与消费的比例,自主选择投资方向并享有投资收益,自主承担创新职责,从而实现对作为积累体制的公有制的扬弃。

3. 在混合所有制经济的产权新安排中走向共同富裕

竞争性领域国有企业非国有化、规模企业股份化与小微企业广泛与成长化，是在市场发挥配置资源决定性作用的条件下，混合所有制经济的产权安排。它不再是公有制为主体的所有制结构。如果我们突破姓"公"姓"私"的思维定式，就会发现：这样一种产权新安排是转变资本积累结构、企业主体结构、技术创新结构从而实现效率的需要，也是实现财产交换规则公平、财产积累机会公平与财产获取权利公平从而达到公平的要求，能够促进共同富裕。

（1）新阶段混合所有制经济的产权安排是提升效率的需要

自 2012 年起中国经济增长持续疲弱，其根本原因就是原有增长结构已经同变化了的内外环境不相匹配。实现经济稳中求进，就必须通过竞争性领域国有企业非国有化、规模企业股份化与小微企业成长化，转变经济增长的资本积累结构、企业主体结构与技术创新结构。

第一，在不同经济成分混合的社会形态层面，竞争性领域国有企业的非国有化是新阶段转变资本积累结构的要求，以适应积累环境的变化。

当前的国有企业是一种资本积累型公有制经济。长期以来，由政府财政主导、国有企业支持的公共事业投资是中国经济增长的重要动力。一方面，物质资本极度稀缺长期困扰我们的现代化进程,资本积累型公有制经济可以最大限度地汲取用于积累的潜在储蓄资源。另一方面,民营经济长期缺乏将潜在资本独立投入到生产机会的能力,公共事业投资规模巨大且周转期长,民营经济难以承担,而公共事业投资的外部性强又将影响民营经济供给成本。随着中国经济高速发展,积累条件已经发生深刻变化。其一,国有企业积累资本已出现严重的挤出效应。当前物质资本总体充裕,却由于银行体系偏向支持国有企业而出现二元分割,民营企业融资困难。其二,公共事业投资的外部性开始消退。该领域资本积累的边际收益率下降,导致实体经济层面的产能过剩与金融经济层面的政府债务危机。其三,由政府主导投资极易造成过度积累,压低居民消费,从而更加依赖出口。在新阶段,应在竞争性领域实施国有企业的非国有化,取消投资领域中对民营企业的限制,鼓励其更广泛而深入地参与投资,在社会结构上扩大民营经济范围。这将进一步动员社会资源,提升资本积累效率,增加市场竞争度以鞭策企业加强管理、创新技术,让更多领域的生产与消费由民众决定,避免生产过剩与过度积累。

第二,在不同经济成分与不同投资主体混合的企业形态层面,规模企业股份化是新阶段转变企业主体结构的要求,以适应社会化大生产。

随着市场范围扩大,生产社会化程度不断提高,市场竞争越发激烈。股份化能使企业主体与社会化大生产相适应。一是实现规模化生产。马克思曾指出,股份制让"生产规模惊人地扩大了，个别资本不可能建立的企业出现了"。^① 股份化能够扩大规模，深化内部分工，形成规模效应，降低成本，提高生产率。二是建立现代企业制度。股份化能够分离资本使用权与所有权。马克思曾论述，股份制让"实际执行职能的资本家转化为单纯的经理，别人的资本的管理人，而资本所有者则转化为单纯的所有者，单纯的货币资本家。……资本所有权这样一来现在就同现实再生产过程中的职能完全分离"。^②因此，股份制是民营企业打破家族血缘关系、国有企业排除行政干扰的制度基础。它将实现家企分离与政企分开。三是促进资源在企业内部优化组合。由公有资本与私人资本联合而成的股份制企业将打破资源流动的所有制限制，由民营经济中不同个体资本联合而成的股份制企业将打破资源流动的所有者限制，从而实现分属不同经济成分与所有者的资源优势互补。四是在社会化生产中保障公有资本保值增值。公有资本属全民所有，公有资本的损失也是全体民众的损失。国有企业股份化虽进一步发挥私人资本的相对作用，却有利于促进公有资本积累。私人资本在相对量上的提高，与公有资本在绝对量上的扩大不矛盾，反而能够提升公有资本的辐射范围与竞争能力。

第三，在不同投资主体混合的社会形态层面，小微企业成长化是新阶段转变技术创新结构的要求，以适应赶超红利的消失。

---

① 《马克思恩格斯选集》第 2 卷，人民出版社 2012 年版，第 566 页。
② 《马克思恩格斯选集》第 2 卷，人民出版社 2012 年版，第 567 页。

技术创新是一个不断试错的过程。从产生创新的想法，到将想法实现为具有可行性的技术，再将新技术生产出来的商品到市场中推广，最后控制财务成本实现量化生产，面临着巨大的技术、市场与财务的不确定性。由于长期存在后发优势，中国可以直接模仿或引进发达国家业已成熟或潜力明确的新技术，避免创新的不确定，从而获取赶超红利。这种技术创新方式需要雄厚的物质资本与人力资本，更多依靠政府财政与大型国企的支撑。但随着后发优势逐步消失，技术进步的动力必须转变为自主创新，小微企业的重要性不断凸显。小微企业风险偏好高，相较公共资本更愿意承担创新风险；小微企业灵活多变，更有意识和能力追逐市场机遇；小微企业基数庞大，大浪淘沙中总有成功的创新者破浪而出。这些获得创新优势的小微企业，如果能与微软、苹果、谷歌一样迅速成长，将极大地促进技术进步。因为在市场竞争中不断创新的民营企业，只有取得规模效应才能真正占领市场。而其前提是，有效率的小微企业能够获得天使投资、风险投资、银行借款、上市筹资，不断集中资本、扩大规模。这一过程正是小微企业实现股份化混合的成长路径，其规模的壮大将促进技术进步的社会化。

（2）新阶段混合所有制经济的产权安排是达到公平的要求

改革开放以来，中国收入差距的扩大，一部分是合理的，缘于普遍贫困中一部分人的先富；但还有一部分缘于财产分配不平等，导致仇富思想流行。扩大财产所有者数量、实现收入分配形态橄榄化,就必须通过竞争性领域国有企业非国有化、规模企业股份化与小微企业广泛化,实现财产交换规则公平、财产积累机会公平与财产获取权利公平。

第一,在不同经济成分混合的社会形态层面,竞争性领域国有企业的非国有化是财产交换规则公平的要求,以实现市场的等价交换。

规则公平的核心是等价交换,也就是等量的财产获得等量的利润。造成当前社会不公的第一个重要原因就是财产交换规则不平等,存在巨大的不等价交换。这种不平等源自公权对私权的侵犯。等价交换需要交换客体平等,也就是说,只是作为商品进行交换。这要求建立并完善产品市场与要素市场。等价交换需要交换主体平等,也就是说,只是作为商品所有者进行交换。这要求由不同经济成分构成的企业在竞争中地位平等。等价交换需要交换方式平等,也就是说,都是自由交换。这要求打破区域间贸易壁垒,取消行业间对民营经济投资与发展的限制,最终实现生产要素的自由流动与组合。既然作为积累体制的公有制经济已经与变化了的积累环境不相符,如果平等交换规则消除公共权力的偏袒,竞争性领域的国有企业自然就会在与民营企业竞争、兼并、重组中非国有化,能够由民营企业承担的行业均将交给私人资本,公有资本只投向具有外部性的公共服务领域或自然垄断领域。

第二,在不同经济成分与不同投资主体混合的企业形态层面,规模企业股份化是财产积累机会公平的要求,以实现资本积累的同等机会。

　　机会公平的核心是财产积累的机会均等,也就是在等价交换中有同等机会获取剩余劳动。造成当前社会不公的第二个重要原因就是投资机会的不平等。作为高速增长的发展中国家,财产所有者本应享有高于发达国家的资本收益率。但现实却是,一方面民众投资渠道狭窄,拥有庞大的储蓄资产,但利率极低甚至为负;另一方面有效率的民营企业却出现融资困难,实际贷款利率极高,难以实现生产社会化。通过规模企业的股份化,民众有购买股票向高效率企业投资的机会,从而有同等机会分享竞争中成功企业的剩余价值,实现财产增殖;企业有同等机会通过上市获得社会融资,扩大再生产,其机会将由生产效率高的企业获得。如此一来,在高效平等的金融市场条件中,生产效率高的企业通过股份化扩大规模,成功社会化的企业也将采取股份化。因此,民众有同等机会投资具有潜在效率的企业以获得剩余价值,财产的剩余还可以进一步累积,经济发展的收益就可以通过居民财产的增殖而被广泛分享。

　　第三,在不同投资主体混合的社会形态层面,小微企业广泛化是财产获取权利公平的要求,以实现企业创设的权利等同。

　　权利公平的核心是财产获取的权利均等,也就是民众都有通过占有生产资料获取剩余价值的条件。而财产获取权利的不平等正是造成当前社会不公的第三个重要原因。由于存在绝对与相对的过剩人口,当前社会的劳动群体,包括农村的自耕农、被征地的失地农民、城市的农民工与工人、高校扩招后的大学生，收入基本上只能用来满足家庭再生产所必需的看病、养老、教育、住房等基本需求，差别只是满足需求的程度不同，难以真正积累财产。小微企业规模小、门槛低、灵活大、劳动密集度高，其广泛化将推动中国收入分配方式的转变。在让劳动者切实获得社会保障、公有资本红利与农村土地增值收益之后，广泛的小微企业可以将民众再生产劳动力的闲散资金转换为生产资料，并在不断地创新、竞争、融资中成长累积。如此一来，一方面，民众能够获取财产性收入，也就是剩余价值；另一方面，资本积累的增加也有利于改变劳动力供求状态，将工资提升至劳动力再生产水平之上，通过劳动本身获得剩余。民众有同等的权利创设小微企业并占有生产资料，有同等的机会发行股票壮大自身企业或购买股票分享他人企业剩余，按照等价交换规则进行市场竞争，从而实现财产获取、积累与交换的平等。这将实现财产的按劳分配，推动中国的收入分配形态从固化的金字塔型转变为流动的橄榄型。

中国特色社会主义，是中国人民在改革开放中的伟大创举，这个伟大创举带来了中国经济的繁荣和发展。中国特色社会主义之所以能带来中国经济的繁荣和发展，就是因为它冲破了传统社会主义的束缚，放弃了传统社会主义中的死教条，按照中国的具体国情调整和改革原有的经济体制。例如打破传统社会主义，将计划经济作为社会主义"信条"而否定市场经济的教条，建设市场经济体制，从而极大地解放生产力，推动中国经济和社会进步。因此，坚持中国特色社会主义道路的关键，是要敢于按照中国的具体国情而抛弃传统社会

主义的那些教条。从中国的实践来看,公有制占主体的所有制结构不是中国特色社会主义的标准,中国特色社会主义的标准是人民的共同富裕。既然姓"公"姓"私"不是判断能否促进共同富裕的标准,而且让市场发挥配置资源决定性作用的条件下,混合所有制经济的产权安排必然突破公有制占主体的所有制结构并促进共同富裕。

三、完善市场与形成有信政府

我国的市场经济是从计划经济转型过来的,因而市场经济改革的一个重要问题是调整政府与市场的关系,调整的主要方向,是形成完善的市场与有信的政府。

1. 完善市场的意义和含义

过去我们的市场存在很多不完善的地方,使得市场经济通过竞争机制促进经济增长的内在机理无法得到完全的发挥,在不完善的市场中充满了权钱交易的腐败和假冒伪劣的恶性竞争。不完善的市场,使得一些企业家不是通过自己的努力去创造财富,而是挖空心思去结交权贵,利用权力对市场的支配作用,靠腐败攫取财富。不完善的市场,使得一些企业家不是想着怎样去提供更加优质的产品,而是想着怎样通过违法的手段,生产质次价高的商品来创造利润,造成了消费者对国货的普遍不信任,甚至连马桶这样的低端产品都要跑到日本去购买，奶粉等产品更是一味迷信国外产品。不完善的市场严重损害了中国经济的竞争力，因为经济的竞争本质是产品和服务质量的竞争，如果不能建立起完善的市场，那么中国经济的环境就势必是权力的竞争——通过寻租获得权力就能在竞争中获得优势，这样企业家就没有动力去精益求精地生产产品。如果不能建立起完善的市场，那么中国经济的环境就是恶性的竞争——通过各种打"擦边球"甚至违法的办法来生产质次价高的产品谋求利润，最后毁掉中国产品在国际和国内的声誉。

"完善市场"指的是依靠市场作为决定性力量的经济环境，过去我国的市场环境中权力占的比重比较大，属于典型的"不完善市场"，具体表现在两方面：一方面很多产业存在比较严重的垄断，另一方面在很多经济领域政府通过行政干预等手段影响市场运行。垄断的维持主要依靠两个要素：第一是行政性的行业准入门槛，通过制定产业政策禁止非公有资本进入某些行业，或者名义上开放某些行业，实际上在审批过程中不让民营资本进入，即俗称的"玻璃门"；第二是金融管制，即政府通过控制金融机构的资金投放，不给进入某些行业的民营企业提供资金，使得进入这些垄断领域的民营资本自己自觉退出，即俗称的"旋转门"。这都是市场不完善的体现，在一个完善的市场环境中，用行政性进入门槛维持的垄断并不应该存在，因为这种垄断与市场经济的自由竞争精神相悖。垄断一定程度上造成了中国上下游产业的割裂，金融、能源、石化、有色金属等上游产业被垄断性企业占据，其他企业被挤压和封锁在下游产业。垄断阻碍了技术进步，很多上游产业都是国有资本集中的垄断性行业，这些垄断企业凭借垄断地位坐享垄断利润，缺乏竞争压力，也没有进行技术创新的动力。党的十六大提出了新型工业化道路的观点，认为要走"科技含量高、经济效益好、资源消耗低、环境污染少、人力资源优势得到充分发挥的新型工业化道路"。但在实际发展过程中出现高污染、高能耗、低效率的粗放式发展模式，环境污染问题越来越多。出现这一现象与身处产业链上游的国有企业缺乏技术改进的动力有关，造成了上游产业的技术停滞。而民营资本受到产业政策和金融管制的双重压制，无法从下游产业进入到上游产业进行投资，使得上游产业用于设备更新和技术进步的新增投资严重不足。民营企业无法进入上游产业，也无法通过竞争的压力推动这些产业的技术改进，缺乏竞争压力使得原有的垄断企业没有积极性去新增投资进行技术改造。民营企业作为技术改进动力最强的企业，被金融管制和产业管制封锁在下游产业无法进入产业链上游，无法发挥技术改进的作用。在经济过冷需要刺激投资时，获得国家资源实施刺激政策的主体多是国有企业，"四万亿"计划中国有企业获得了超过九成的信贷，民营企业几乎成为旁观者。这种割裂上下游产业，在上游产业实施垄断的经济制度安排已经日益成为中国产业结构调整的重要障碍。

除了垄断和政府对经济的过度干预外，另一个市场不完善的体现就是市场缺乏法治精神。法治精神指的是经济活动的主体的经营行为要符合法律的规定，不能为了赚钱而肆意违法,不能坑蒙拐骗,即不能靠违法的手段来赚钱。比如三聚氰胺事件中的众多乳品企业,明知添加三聚氰胺会涉嫌违法,为了赚钱仍然一意孤行地进行了添加。再如毒胶囊事件、毒馒头事件和众多有毒食品事件中的企业,明知自己的生产工艺会对人体产生有毒的物质,会违反法律,但是仍然抱着侥幸心理,机会主义地认为只有天知、地知、别人不会知道,结果最后东窗事发几乎毁掉了一个产业。法治精神的另一个含义是,经济经营主体要诚实守信不能故意失信,要坚持正义不能仗势欺人。在以经济增长为纲的时代"重效率、轻公平"模式下,只要能赚钱,交易一方利用自己的强势地位故意侵害处于弱势地位的交易另一方的情况比较普遍,在存在信息不对称的经济行为中拥有信息优势的一方利用这种信息不对称故意侵害信息劣势一方的行为时常发生。企业侵害消费者利益,而消费者却没有法律救助途径;一些企业利用霸王条款实施店大欺客的行为;公司大股东或企业高管利用对企业经营活动的实际控制优势,通过关联方交易的手段掏空企业资产侵害中小股东利益;经济主体签订合同而故意不履行或故意推迟履行;企业虚假宣传故意误导消费者;借款人欠银行的贷款恶意拖欠故意不还,生产活动中收到货款后故意不发货等一系列现象频频发生。一些经济行为主体打法律的"擦边球",奉行"违法但不构成犯罪"的原则,游走在法律和道德之间的灰色地带攫取不当利益,还把自己的行为标榜为创新,这都会大幅增加交易成本,对经济产生恶性甚至毁灭性的扭曲,属于典型的"不完善市场"。不完善的市场会扭曲经济主体的经

济行为，使得资源配置无法达到最佳状态。如果不能建立一个比较完善的市场，仍然让不完善的市场去配置资源，那么旨在培育新支柱产业的产业结构调整可能无法达到预期效果。在不完善的市场环境中，企业会把主要精力用于钻市场的空子，用于去寻租搞腐败获得不当利益，用于从事违法活动获得非法利益，而不会把主要精力用于产业升级和技术创新。可以认为，如果没有"完善市场"，产业升级和经济结构调整就是一句空话。

2. 有信政府的意义和含义

"事无信不立"，"有信政府"的"信"指"政府说的话不是说着玩的"，包括两方面的含义：一方面的"信"要求政府对于自己制定的法律要严格执行，做到言出必行，执法必严违法必究；另一方面的"信"主要指"恒"，要求政府的经济政策要具有长期一致性，不能频繁变动，要让社会公众形成一个比较稳定的长期预期。建立"有信政府"主要是解决产业结构调整中的激励问题，让相关经济经营主体有这个动力去实施产业升级，主动去进行经济结构调整。过去产业结构调整效果不佳的一个原因就是政府有法不依、执法不严，比如对于一些严重违反环境保护法的高污染企业不给予相应的处罚，执法不严使得这些企业对于自己的高污染、高能耗行为不负担任何成本，也没有任何动力去进行技术升级。一些企业在生产过程中使用几十年前的技术，生产工艺的污染物排放水平明明不达标，结果相关的政府部门也不对其进行处罚，形成了企业在产业升级过程中的惰性——觉得反正也没人管，没有必要自己花成本去实施技术改造。有的企业明明安装了更加先进的设备，但是仍然不使用新设备而继续使用老设备进行生产，因为老设备虽然污染更严重但生产成本较低，政府对这些使用老设备的企业惩罚力度不够，让他们心存侥幸没有足够动力去使用新设备，很多法律法规在执行过程中成为一句空话。

政府的"信"还表现在承诺经济政策的长期一致上面。必须承认过去产业升级和经济结构调整效果不佳的主要原因是各种经营主体缺乏对经济长期一致的稳定预期，一旦缺乏长期稳定的预期，企业经营者的行为必定是非常短期化和短视化的。因为产业升级是一个耗时比较长的过程，企业行为短期化会使得经营者没有产业升级的动力。

国有企业的高管由国资委或中组部任命，这些高管并不确定自己能够在这个企业任职多久，比较普遍的情况是一些国企高管在一个企业任职一段时间之后就被调到另一个企业去任职了，因此国企高管不能建立起能够在这个企业长期任职的预期。在这种担心和顾虑之下，国有企业的高管肯定没有足够的动力去推动企业的技术升级和结构调整。因此，必须在国有企业经营者身上建立起比较长期的预期，这样会使得国有企业高管有激情在该企业实施产业升级。可以考虑延长国企高管的任期，即便该高管调离该企业也要保证该高管的待遇和该企业的后续经营状况相挂钩。因为产业升级的效果需要比较长时间才能在经营业绩上反映出来，如果该高管调离该企业后的收入待遇仍然受该企业经营状况的影响，那么该国企高管就有比较强的动力去通过产业升级来提高该企业的经营业绩，国有企业的产业升级也就能够比较容易实现了。

对于民营企业而言，政府政策一致性主要是指对民营企业的态度要保持长期一致，才能让民营企业建立一个比较长期的预期，在一个比较长的预期之下制订自己的经营计划。事实上，我国政府政策对于民营企业的态度一直在变化，以造纸厂为例说明问题，如果民营企业的高管认为现在国家允许民营资本从事造纸行业并不意味着未来国家会继续允许民营企业从事造纸行业，那么此时该企业的目标就是追求短期利润最大化而不是长期利润最大化。短期利润最大化要求尽可能降低环保设施的成本并使用落后的技术，因为更环保、更先进的技术的采用需要大量资金投入，如果该民营企业投入了大量资金引进环保技术和更先进的生产设备，那么一旦国家政策改变，不允许民营企业从事造纸行业，那么该民营企业所投入的产业升级的成本就无法收回了。既然未来存在着国家不允许民营企业从事该行业的风险，那么在现在该民营企业最理性的决定就是用最原始落后的技术和污染最严重的技术进行生产，因为这种技术短期内成本最低，而不会考虑使用在长期内会给企业带来更多利润的新技术，因为新技术的引进会面临比较大的政策风险——一旦政府未来不再允许民营企业从事该行业，那么该企业此时用于投入产业升级的成本就彻底变成沉没成本了。然而，从长期的利润最大化角度考虑，肯定是使用更环保、更先进的技术设备能给企业带来更高的利润，因为新技术能提高产品质量，并在长期带来更多的利润。但是，是否进行产业升级投资？是否引进新设备？不仅要考虑经济因素还要考虑政策风险。如果政策风险足够小，即可以预期未来政府鼓励民营经济的政策会长期持续，那么该民营企业就会长期存在，不会因为某个时期的政策变动而死亡，那么该企业就一定会选择更新设备积极实施产业升级来保证长期的利润最大化。相反，如果未来有一定可能政府会把自己驱逐出这个行业，那么不更新设备、不采用更先进的技术将会是最理性的选择。因此，政府应减少政策的变动，主动维持政策的稳定性是建立"有信政府"的核心，如果政府的政策具备很强的不确定性，那么企业的最佳选择只能是通过不计社会成本的短期行为在短期获得最多的利润，本着"当一天和尚撞一天钟"的态度进行短期化的经营计划安排，能赚一天钱就多赚一天钱，等到哪一天政府不让民营企业从事这个行业了，自己就关门走人。在这种预期之下，民营企业肯定不会去选择对产业升级和环境保护更有利的技术，而是会选择短期经济成本最低的技术，这种技术往往造成高能耗和高污染生产的效率极低，往往意味着极高的社会成本。甚至厂商用这种落后技术赚一元钱，社会需要付出十元钱来消化这个经济行为的社会成本。

3. 建立完善市场和有信政府的重要内容是破除垄断和实施配套改革

具体到中国的情况，我们会发现中国产业升级最大的障碍就是垄断，因为中国的很多上游产业如石化、钢铁、能源等都有很高的进入门槛和行政性准入限制，民营企业在下游产业积累的资本受限于产业政策和金融管控不能进入到这些上游产业进行投资，同时这些上游产业中原有的垄断性国有企业因为坐享垄断利润而没有竞争压力和技术进步的动力。这样人为地割裂上下游产业，使得公有资本盘踞在上游垄断性行业，民营资本被封锁在下游行业无法上移，严重损害到了经济结构的转型。能否打破这种上游产业的垄断，真正让非公有制资本进入到上游产业中去，整合上下游产业，成为决定经济转型成败的关键。如果能够破除上游产业的垄断，那么产业升级就会很快实现，经济转型会因为技术的提升而成功。相反，如果继续愚昧地坚持要把非公有资本封锁在下游产业的传统做法，那么产业升级肯定无法实现，经济转型也就必然失败，此时中国掉入"中等收入陷阱"实现一种低水平均衡就会必然发生。同时，如果把非公资本封锁在下游产业，那么这些资本在下游产业积累的资金就会没有投资渠道，没有去处的资金只有两条出路：一条是奢侈性消费，另一条是进行投机活动。奢侈性消费伴随的炫富行为会刺激低收入者的神经，造成仇富情绪加剧、社会不稳，投机造成的财富转移实际上恶化了社会风气，使得社会浮躁投机之风盛行，一些原本可以安心下来做企业的人也将加入投机队伍，最后投机造成的泡沫将由全社会买单。

现在很多民间资本都集中在房地产领域进行投机，这里的症结在于垄断使得民间资本除了房地产市场外几乎没有太多的去处,地方政府又顺水推舟地大搞土地财政,结果造成房价猛涨,不少人沦为房奴。如果哪一天房价暴跌,则国家的银行体系可能会遭遇重大损失,因为无论是政府的土地财政还是民间资本的房地产投机都借用了大量银行资金,如果房地产泡沫破灭则会冲击银行系统,而银行既是国家的又是借由国家信誉进行隐性担保其不倒闭的,所以最后冲击到的还是国家。因此,国家应该破除垄断,让民间资本从房地产市场中抽身而出,进入到上游产业进行投资,此举不仅可以挤压房地产市场泡沫又可以缓解银行的金融风险。另外一个制约经济转型的问题就是民营企业融资难的问题,国有银行不太愿意给民营企业提供资金支持,更偏好给国营企业提供资金,这主要是体制上的原因——银行大多也是国有的,因此国有银行就负担了支持国有企业的任务。为了解决这个问题,可以让这些国有银行变成民间资本占比更多的民营银行,国家可以减持这些银行的股份,让民间资本去主导这些银行的资金投放,这样就可以使民营企业获得更多的融资,从而在经济转型中发挥更大作用。

回顾过去的发展历程,可以发现国有资本占比较多的行业,垄断性比较严重,主要是为了保证这些行业中国有资本的保值增值,政府设置了各种各样的准入门槛,不仅有各种行政性门槛,还有很多"玻璃门""旋转门"等名曰开放实则不开放的行业。为什么国家反复强调破除垄断引导非公资本进入垄断性行业,但最后这些强调都流于形式呢? 主要原因还是地方政府自己在这些垄断性行业有特殊利益,地方政府持有很多垄断性企业的股份,这些国有资产的保值增值成了地方政府的一项工作任务,在此情况下地方政府肯定不会去破除这些行业的垄断。所以破除垄断首先要降低这些行业中国有资本的比例,因为不可能在不降低国有资本比例的情况下来谈破除垄断,只要这些行业存在较高的国有资本控股比例,就会涉及政府自身的利益。虽然名义上政府的利益只有人民的利益,但是事实上一旦涉及国有资本,就会发现国有资本几乎也变成了一项政府的利益。政府为了维护这种利益,会有很强的动机去筑起或明或暗的各种壁垒以维持垄断企业的垄断利润,因此降低垄断性行业国有资本比例是破除垄断的前提和基础,离开这个基础空谈破除垄断都是不现实的幼稚之言。从经济的长期发展来看,只要国家能够保障经济的长久稳定发展,充分做大蛋糕就有很大的税基来通过税收确保自己的收入,完全没有必要依靠国有企业上缴的利润来确保自己的收入。如果国有企业上缴 1 元的利润背后有 10 元的社会福利损失,则对政府而言几乎是得不偿失,因为垄断制度会侵蚀掉经济长期增长的基础,垄断使经济增长乏力,最终使经济萎缩、缩小税基、降低政府收入。政府可以通过完善监管来保障这些关系国家战略安全的战略性行业,发达国家包括军事工业在内的很多战略性行业也都是民营企业在经营,这些民营企业在完善的监管之下也保障了国家的战略安全,并没有因为这些战略性行业国有资本较少就出现国家安全受到威胁的情况。总之,经济调整的方向是"以放为主",着力打造一个更加市场化的经济环境。

新时代下需要在提高总需求的同时提高总供给能力，保证不出现严重的供求失衡，需要从三方面努力：（1）激发不同经济成分的活力，主要是需要重点激活民营企业和外资企业的活力，让他们在中国放心大胆地进行企业经营，消除他们对商业经营中存在政治风险的种种顾虑。（2）激发各种生产要素的活力，生产要素主要指人力资源、资本和土地。在激发人力资源活力方面，主要是激发国有单位工作人员的活力，一方面改革现有的薪酬机制，鼓励能者多劳，多劳多得，激发这些人力资本的活力；另一方面可以鼓励他们积极搞发明创造或下海创业，把一些在国家单位无事可干或个人能力没有得到充分发挥的人引导到创新创业的大潮中去。在资本方面，要努力提高资金的使用效率，利用市场手段把资本引导到能够获得最大收益的项目中去，唤醒沉睡在银行系统和财政系统的巨额资金，为新时代下的经济结构调整提供资本支持。在土地供给方面，要加快推进土地流转，把土地集中起来搞规模化农业经营，在规模化经营提高农业产量的基础上增加城市建设用地的供给，为城市的经济建设提供足够的土地供给。（3）处理结构性过剩，实现经济供需平衡。事实上中国现在的产能过剩只是结构性的产能过剩，具体表现是一些低技术含量的产品生产得太多了，结果产能过剩，同时一些高技术含量的产品又生产不出来，结果是产能不足。解决结构性过剩的办法有两个：一个是发展国际贸易，把国内过剩的产品出口到国外去，同时大量进口国内短缺的产品；另一个办法是发展国内的相关产业，争取把国内原来不能生产的产品变成国内

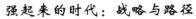

能生产的产品。

4. 建立完善市场和有信政府的本质是实现国家超越原则

国家超越原则有两层含义：

第一，国家超越原则指的是在现代社会体制下，国家应该超越任何一个利益群体，不单独代表某一特定群体的利益，而应该代表所有群体的利益。这就表明，党执政的原则是要代表不同群体而不是某一群体的利益。

国家超越原则的第二层含义是国家要保持政府的独立性，即政府不应该和某些特定利益集团尤其是强势利益集团结盟。因为一旦政府之中的官员尤其是高级官员和利益集团结盟就会使得这个政府不是一个代表全国大多数人民利益的政府，而成为仅仅代表少数该联盟内成员利益的政府，沦为少数人服务的政府。一旦政府成为代表少数人利益的政府，那么政府的政策制定也肯定是为这少数人服务的，而不是为大多数人服务的，也就会偏离该国发展的最优路径，甚至会走向最劣路径——靠牺牲国家前途和大多数社会成员利益的办法来实现少数人利益的最大化。事实上"中等收入陷阱"就是由此产生的，墨西哥、阿根廷、巴西、泰国、印度尼西亚等跌入"中等收入陷阱"的国家之所以长期采取不利于经济发展的国家政策而得不到纠正，并不是因为这些国家的经济学家和政府政策制定者很笨，不知道什么道路是正确的，什么经济政策是正确的，而是因为这些国家的政府高官是通过和强势集团结盟，从强势集团获得资金而上去的。这种政府官员基本上只听从于那些出钱把他们推入高位的人的命令，罔顾国家利益和其他社会成员利益，使得他们制定的政策在实现联盟内成员经济利益最大化的同时，使国家丧失了国际竞争力。事实上，从这次反腐的结果看，很多"大老虎"背后都有这样一个利益联盟。可以想象，这些官员和利益集团结成的联盟会直接影响到政府的独立性，使得政府在制定政策的时候偏袒联盟内的成员而危害联盟之外其他社会成员的利益，长此以往政府有变成代表少数人利益的政府的危险。

政府超越原则要求政府能够公平对待不同的社会利益群体，在不同社会利益群体之间保持客观公正，不仅在不同的社会群体之间实现超越，也要在同一群体不同利益集团之间实现超越，保证不和某一特定利益集团结盟。一个明显的例子就是俄罗斯共产党，1992年俄共复出时一度成为俄罗斯杜马的第一大党，但是现在在杜马中的席位不到10%，从极盛一时到走向衰落的主要原因是俄共僵化地坚持只代表弱势群体利益的原则，不能代表其他社会群体的利益，因而不能被其他利益群体所接受，最终被俄罗斯社会所抛弃。因为1992年之后随着俄罗斯经济的发展，中产和高收入群体逐步增多，而贫困的低收入群体在总人口中的比例越来越少。而俄共坚持只代表低收入群体利益的立党原则，拒绝代表中等收入阶层的利益，结果使得占总人口比例越来越大的中等收入阶层对其非常反感，社会影响力走向衰微。相反，普京领导的统一俄罗斯党就超越了某个特定收入阶层的利益，成为代表俄罗斯这个国家各个群体利益的政党，普京打出了国家牌，通过国家和民族这个包容性很强的概念获得了各个群体的支持。普京还进一步强调，他的政党代表斯拉夫民族和斯拉夫文明的利益，这一下子就使得该党几乎超越了俄罗斯国家的范畴，在整个东欧都获得了广泛支持，让该党获得了影响广泛的软实力和区域影响力，因为包括乌克兰等很多东欧国家都是斯拉夫民族。因此可以明确，一个政党和政府所代表的利益群体和利益集团越广泛，就能获得越多的支持，在国内和国外形成强大魅力和软实力。相反，一个政府或政党如果仅仅代表某个群体或某个利益集团的利益，就会使该政府和其他群体或其他利益集团离心离德，执政基础被削弱，同时政策制定的空间变得很小——为了实现某个群体或某个利益集团的利益最大化，只能有非常少的某几个政策选项可供选择，这当然不利于政策制定的最优化。因为一个最优的政策必须是对非常多的政策选项进行筛选组合，集中各种政策选项的优点，摒弃一些政策选项的缺点，在妥协和政治协商的基础上制定出来的，这种政策才能最大限度地代表全体社会成员的利益，才是最符合该国长期利益和长远发展的政策。

具体到中国的实际，如果政府不能实现超越性原则，就不能代表非公有制经济的利益，也就不能建立起完善的市场，就会出现垄断和过度使用权力干预经济运行的问题，最后使得腐败盛行。如果政府不能实现超越性原则，就会使得政府在市场规则制定的过程中暗含打压非公经济的成分，使得非公经济在市场竞争中受到歧视并处于竞争的不利地位，最后被迫走"歪门邪道"，一批假冒伪劣产品由此而生，一批腐败分子和权钱交易由此而生。同时，如果政府不能实现超越性原则，就会使得政府的政策变得非常多变，让大家认为政府某个阶段的某一些鼓励经济发展的政策（如向非公资本开放某些行业）仅仅是一种权宜之计，一段时间之后这些政策会被废除，经济会回到以前僵化运行的轨道上去，因此企业的经营行为不可避免地变得短期化，产业结构升级也就沦为一句空话了。

曾有一些同志研究认为，腐败可以促进经济的发展，这种研究结论的，蕴含着一个逻辑——政府政策的多变和对经济不合理的干预比腐败更可怕，腐败可以让企业尤其是民营企业和政府官员结成利益共同体，从而减少政府政策的多变性，维持政府政策的稳定性，减少政府政策变动对经济的震荡性破坏，因而可以促进经济的发展。这样一个荒唐的结论告诉我们，政府维持一个稳定的政策制定预期非常重要，有时甚至还超过政府的廉洁本身。有信政府还要求政府在执法过程中对不同经济成分的企业一视同仁，但是现实中执法往往对不同经济性质的经济主体采取不同的标准。因此，要想真正建立完善市场和有信政府必须实现国家的超越性原则。

国家超越原则的实现有赖于建立现代社会，因为如果不能建立起现代化的社会制度，就无法形成国家超越原则实现的社会基础。过去中国社会的特点是人治社会、臣民社会和专制社会，走向现代社会就是要转变为法治社会。"法制"和"法治"不同，法制指的是一套完整的法律制度，与之相对应的是经济制度、社会制度、政治制度等其他领域的制度安排，只要有国家存在就一定会有与之相对应的法律制度，无论是奴隶社会还是封建社会或其他社会形态都一样，即只要有社会、有国家就一定有法制。而与"法治"相对应的是"人治"，法治是指法律制度是为了维护法律本身，而不是为了维护某个特定的社会机构（如政府）或某个社会个人（如政府最高领导人），法治的含义包括：（1）法律必须有约束所有社会主体的权威性，这里当然包括约束政府和政府中的任何一个领导人。（2）任何机构和个人都必须服从法律的裁决和法院的裁定，法律面前人人平等，法律面前不同机构之间也是平等的，法律面前政府最高领导人和一个普通百姓之间是平等的，任何一个企业或其他社会机构和政府之间也是平等的，民告官或企业告政府之类的诉讼必须做到在法律面前的严格公平。（3）政府的权力也必须建立在法律之上，而不是法律和法院的权力建立在政府之上，政府靠宪法等法律来获得行政的正当性，而不是法律法院靠政府来获得其行使权力的正当性。法制和"法治"结合就能建立起法治社会，相反，当法制和"人治"相结合时，建立的就是人治社会，法制就是为"人治"服务的，"人治"社会的法律制度体现的是某一个人或某一群人的意志，而不是法律的意志。即法律制度是为了维护政府或政府中的某个（或某些）领导人的意志得到贯彻，在过去法律制度是为了维护皇帝的意志得到贯彻，因而在此基础上形成的是臣民社会，即所有其他社会成员都是该皇帝的臣民，继而形成专制社会。

现代社会法律制度要回归法律本身，法制要为"法治"

服务。

因此，法治社会的建设是现代社会建设的基础和前提，也是重中之重，离开法治社会根本无法去谈现代社会。

因此，要保持社会的稳定，要建立完善市场和有信政府，必须让政府实现超越原则，而超越原则的基础就是法治社会的建立。法治的好处是让法律成为超越于不同社会群体和不同社会利益集团之间客观公正的第三方，让法律去代替政府或某个政府领导人行使社会裁决权力，这样就能规避政府被某个社会群体或某个特定社会利益集团操纵的危险，最大限度地保持政府在社会事务管理和政策制定过程中实现超越原则。只要能够实现政府的超越性原则，就能够成功建立起完善市场和有信政府，把新时代下的被动局面化为实现深层次改革突破的主动契机，化被动为主动，化危险为机遇，实现经济结构的成功调整和升级，实现中国梦和中华民族的伟大复兴。

生态文明的关键:企业与环境关系的协调①

　　生态文明建设是我国"五位一体"改革的重要内容。现代化强国的一个重要指标是实现生态文明的全面提升。如何实现生态文明的全面提升？核心是要协调好企业与环境的关系,因为企业是推动生态文明的载体,人与自然和谐的连结点实际上是企业。

　　企业的任何生产经营活动都离不开人类所依存的大自然,因而企业必然同大自然有着内在的密切联系。我们经常讲的企业生存和发展的周边环境,一般包括社会环境和自然环境两个方面。我们这里所讨论的环境,主要指的是企业周边的自然环境,也就是我们通常所说的生态环境。自然环境是人类进行生产和生活活动的场所,是人类生存和发展的物质基础。在《中华人民共和国环境保护法》中,是这样定义环境的:"本法所称环境,是指影响人类生存和发展的各种天然

---

　　①　吴健博士参与了本文的起草。

的和经过人工改造的自然因素的总体,包括大气、水、海洋、土地、矿藏、森林、土地、野生生物、自然遗迹、人文遗迹、自然保护区、风景名胜区、城市和乡村等"。因此,我们谈的自然环境的范围还是相当广泛的。

应该说,企业与环境的问题,开始于企业产生的那一天,企业与环境矛盾的激化,则始于近代企业大发展的时期,也就是工业革命时期。三次工业革命大大地提高了人类的劳动生产率,增强了人类利用和改造环境的能力,但同时也大规模地改变了环境的组成和结构,改变了环境中的物质循环系统,从而带来了相应的环境问题。而企业正是这三次工业革命的主体,所以环境问题很大一部分是企业与环境的问题。而要解决企业与环境的问题,首先必须明晰企业与环境的关系,尤其是分析企业怎样危害环境,企业危害环境的动因是什么,然后再分析我们的企业应该做什么、能够做什么,如果不能做到的时候,政府需要做些什么。把这几个问题搞清楚了,企业与环境的问题才能得到良好的解决。当然,我们自始至终必须明确的一点是,不管采用什么方式,都要通过走一条可持续发展的路子,从而来实现企业与环境的协调发展,这才是我们的最佳路径和最终目的。

一、企业与环境的真正关系

企业只有尊重环境,在遵守自然的内在规律的基础上,才能存在和发展，才能为人类的存在和发展提供物质和文化的基础。企业绝不能破坏环境，只能保护环境，在协调企业与环境的基础上，才能高效发展。我们过去关于生产力的概念是错误的。我们过去强调生产力是人类改造和征服自然的能力，实际上，生产力只能是尊重和利用自然的能力，而且对自然的利用，只能建立在尊重自然的内在规律的基础上。因此，企业与环境的真正关系，是企业的任何经营活动都必须尊重和保护环境，企业只有在遵守环境的内在要求的基础上，才能存在和发展。由此可见，界定企业与环境关系的基本准则，是企业只能尊重和保护环境，绝不能危害环境。

但是，在现实经济活动中，不少企业往往把自己的经营活动建立在破坏环境的基础上，严重危害了人类生存所需要的环境。因此，本书在这里讨论企业与环境的关系，主要讨论企业对环境的破坏的问题。也就是说，讨论企业与环境问题的第一步，就是认识企业对环境的危害，只有分析企业破坏环境的方式和原因，才能为下一步制订企业、政府行动方案提供指引。根据此思路，本文接下来主要讨论两个问题。

1. 企业危害环境的方式

与生物一样，企业也有自身的"新陈代谢"，它与环境的主要联系方式，无非也就是两个方面：一方面是从环境中获取，另一方面是向环境中释放。也就是在生产过程的前期，企业主要从环境中获取其生产资料，这些生产资料表现为各种各样的自然资源，由于自然资源的有限性，企业的过度开发容易导致资源的耗竭；而企业在生产过程的后期，企业向环境中排放生产的剩余物，这些剩余物，如果不经过专门的处理，大多数都是难以被环境迅速降解、消化的，从而会破坏环境，这就是我们通常所说的环境污染。由上述可见，企业破坏环境的方式，一般来说，主要有这两个方面：对自然资源的耗竭和对自然环境的污染。

（1）企业对自然资源的耗竭

自然资源在我们过去的发展过程中，起到了极为重要的作用，可以说，离开了自然资源这一物质基础，人类生存和发展就无从谈起。随着科学技术的发展，我们开发和利用自然资源的深度和广度都在不断加强。这一方面反映出人类社会的进步和生产力的提高；另一方面也给自然带来了更多的冲击和挑战。

一般来说，自然资源有两类。一类是不可再生资源，比如石油、煤炭，用过了就没有了，在可见的未来不会再产生；另一类是可再生资源，比如木材、水源，在自然的情况下，它们是可以实现循环再生的。这些自然资源，都可以成为企业生产活动中的原材料或者能源，而且很多都是企业所必需的资源。企业利用自然资源进行生产，消耗一定的自然资源，都是很正常的，我们无可厚非。但如果企业不顾及自然资源对企业生产的承受能力，只看到自然资源的开采和利用成本，不考虑自然资源的维持和再生成本，盲目地扩大生产，就必然会造成自然资源的耗竭。这里所说的耗竭，一方面是指资源存量的耗竭，比如把本可以开采50年的石油20年就开采完了；另一方面是指资源的常规开采量不能满足需求量，也就是说企业的需要远远超过了目前用正常手段所能开发的自然资源的最大能力，以致企业寻求不经济甚至是破坏性的手段来对自然资源进行开采。

对于不可再生资源，这个耗竭是很显然的，我们每消耗一个单位的不可再生资源，自然界的存量便会少一个单位。而现在我们的企业对自然资源的开发利用，基本上是需要多少就开采多少，很少考虑资源的可持续利用。典型的例子就是矿产资源的开发。我国的矿产资源有一个很大的特点，那就是共生、伴生矿占很大一部分比重，比如攀枝花的铁矿石中钛的含量就很高，像这些共生、伴生矿，如果综合利用的话，经济价值是非常高的；但是我们现在的采矿企业普遍忽视综合勘查、综合利用和综合开采，采主弃副甚至采副弃主的现象很常见，综合利用程度非常低。我国目前多金属矿山综合利用率才 30% 左右，而西方发达国家可以达到 70% 以上。20 世纪八九十年代，日本曾经用上等的钢材来换攀钢的高炉渣，因为这些高炉渣是高钛型炉渣，在日本这些高炉渣能够炼出钛来，但在国内，我们就没有能力利用，只能当炉渣，还需要花费大量的运输堆积费用，实在是很可惜的一件事情。还有一些贫矿，按照目前的技术水平我们是不能完全开采和利用其价值的，最经济的处理方法就是等到新技术出来以后再开采。可是很多小型采矿企业就一定要开采，不符合规定就偷偷地开采，开采出来的矿山生产效率非常低下，浪费了大量的能源和矿藏，也损失了不少的共生矿、伴生矿。而且由于大多数矿都是违法违规开采,安全措施和环保措施都非常有限,对矿工的身心健康和当地的环境都造成了极大的损害。每年都会有很多矿井安全事故,出事故的大多是这样的违规企业。由这些例子可以看出,企业对不可再生资源的破坏性开采是非常严重的。

而对于可再生资源,一般来说,只要我们能够维持适度的开采和合理的调配,自然环境的生产能力还是比较强的。但是,一旦企业对这一类资源开采过量,突破了自然能够生产的极限,就很可能会造成崩溃性的后果。而且,这种破坏往往也是毁灭性的,也就是说这个过程基本不可逆,就算自然环境的生产能力有可能恢复,也需要我们投入非常大的成本,甚至会远远大于我们以前从自然环境中获取的资源的价值。过去很多地区在开发林区的时候,就犯下过非常多的错误,毁掉了不少非常宝贵的林区。比如大兴安岭,这片我国最大的国有林区,在20世纪的后40年可以说一直都在经历着浩劫,到20世纪末过度的砍伐已经让这片林区的可采资源极度收缩,再生能力更是已经到了崩溃的边缘。有林业专家估计,虽然从1998年开始实施天然林保护工程后大兴安岭的采伐量已经减少很多,但是按目前的砍伐速度,大兴安岭的木材生产也只能再能维持16年,此后由于再生的成熟林跟不上,接下来会有36年"无林可采",全国的林场基本都面临着类似的问题。有些地方的地下水开采也是如此,只要在一定的限度内,地下水资源可以很好地再生,如果抽取量超过这个限度,新补充的地下水环境处理不过来,水质就会变差,就算以后减少抽取量水质也不一定能够好转,因为地表的一些污染渗入地下,彻底

破坏了原来的再生系统。所以,我们现在对可再生资源的耗竭也是触目惊心的,很多资源破坏了才知道后果的严重性。

国外有研究报告称,从20世纪80年代起,人类对自然资源的消耗量已经超出了地球的再生能力,而到了1999年,人类自然资源的需求量已经比地球的再生能力至少高出了20%。这只是全球的平均数,在中国,这个比例肯定还要超出很多。所以我们面临的形势是非常严峻的,企业和社会必须对自然资源的问题给予更多的关注,遏制现在这种破坏性开发的趋势,努力实现自然资源的可持续利用。

(2)企业对自然环境的污染

企业对自然环境的污染,最主要的是工业"三废"对环境的污染。所谓"三废",就是废水、废气、废渣。现在,废渣一般通指各种固体废弃物。

和前面企业对自然资源耗竭相比,企业对自然环境的污染更明显,更容易引起关注。从现在的大量资料来看,我国企业对环境的破坏已经非常严重,我国的GDP虽然增长很快,但人们的生活质量却在下降,因为环境遭到了巨大的破坏。

有关企业污染自然环境方面的书籍和文章有很多,读者在平时也会有很多的亲身体验,所以在本文中笔者没有篇幅做赘述。

现在的问题是,人们几乎都遭受到了环境被破坏的影响,而且人们也都认识到不能再破坏环境,但是现实中为什么仍有不少企业确实在不断地破坏环境?这正是我们要搞清楚的问题。因而,接下来本文将重点分析企业危害环境的原因。

2. 企业破坏危害的原因

企业破坏环境的原因是有多个方面的,其中一些是技术上的,另一些是经济上的。必须承认我国在环保技术方面的发展还是非常有限的,很多企业在进行生产的时候不可避免地会破坏到环境。但是,对我国企业来讲,首先是经济方面的原因,也就是导致企业破坏环境的经济因素。我们认为比较突出的有以下四点。

（1）企业的粗放型经营

我们的企业尤其是工业企业,在过去半个世纪的发展过程中,一直都是以粗放型的经营为特征的。所谓粗放型经营,就是指企业投入大量的资本、劳动力,消耗大量的资源,通过高投入、高消耗、高污染来实现企业的高产出、高增长。这样粗放型经营的企业,生产过程对自然资源依赖性非常强,需要自然资源的大量投入。我国企业的能源、原材料消耗高,甚至有研究报告称,我国单位产值的耗能是世界平均水平的 4.8 倍,而能源利用率只有世界平均水平的 30% 左右,比国外的先进水平低 10 个百分点。钢材、木材、水泥,通常称为"三材",这三种材料的消费强度分别是发达国家的 5—8 倍、4—10 倍和 10—30 倍。这样一种近似掠夺性的资源消耗强度,显然远远超过了我国环境的承受能力。目前,我国很多城市都出现了水荒、电荒、煤荒,这与企业的粗放型生产有很大的关系。

企业生产过程的粗放,还会生成大量无价值的副产品和废物。大多数企业对这些副产品和废物大多是草草处理或是

根本就不加处理，就直接排放到自然中去，很容易形成污染。比如我国工业水平均回用率不到60%，处理率不到80%，不少乡镇企业还未采取回用和处理措施，致使污水直接排放，而一些发达国家工业水回用率已接近100%，处理率达100%。所以相比发达国家，我国的企业污染性也是非常强的。

这样的粗放型经营，不光存在于企业的生产过程中，在企业的再生产过程中也是如此。也就是说，企业生产规模的扩大和外延，也必须靠对自然资源的消耗量和对环境的排污量的增加而获得。

综合以上三个方面来看，企业在生产、排放、再生产过程中的粗放型经营，给环境带来了很大的压力，这是企业对环境造成破坏的一个重要原因。

（2）企业行为的短视性

大多数的企业，都是以追求企业价值和企业利润最大化为目标的，这一点是必然的，我们无可厚非。但企业在追求利润最大化的时候有一个很大的问题，那就是追求短期利润的最大化，而不是长期利润的最大化，我们认为这也是企业对环境造成破坏的一个原因。

现在我国很多企业发展速度很快，对可再生资源的需求量呈几何级数的增长，在这种时候，企业行为的短视性，就非常容易导致过量的开采。因为企业很少会考虑这些问题，直到这些原料的产量骤减，或者是质量骤降，自然资源的压力通过价格这些市场信号传导到企业时，企业才会开始着急，为时已晚，自然环境的再生能力已经被破坏得差不多了，结果资源价格居高不下,企业的长期发展受到很大的影响,一些承受能力比较差的企业甚至会破产。企业对环境的污染也是如此,在只考虑企业短期利益的时候,排放污染几乎可以说是企业最优选择,很多企业都会想先污染、后治理。但是,从长远来看,因为受短期利益的驱使而过量排放污染,必然会形成与环境、与社会的对立,受到公众和政府的惩罚,所以从企业的长期利益来看,减少污染,实现与环境的协调发展,是企业的最优选择。可惜的是,目前,我国大多数企业的行为都是短视性占主导的,而且这个局面光靠企业也是无法改变的,所以在过去的半个世纪里,这种企业行为的短视性给环境带来了很大的破坏。

（3）工业化的低起点性

工业化中的低起点性指的是我国在改革开放中所产生的乡镇企业。乡镇企业对我国的工业化和经济发展的贡献是很大的,其功不可没。但是从其发展的起点来看,确实是很低的,这种低起点必然会给环境带来危害。因此,企业危害环境的原因,除了上面的两点以外,乡镇企业的问题也是特别值得注意的。从 20 世纪 80 年代起,由于乡镇企业的出现和发展,在有些地方的景象,可以用"村村点火,处处冒烟"来形容。这是当时我们乡镇企业的蓬勃发展的一个形象反映,但同时,也从另一个角度尖锐地暴露出我国乡镇企业在发展过程中对环境的污染问题。我们认为,乡镇企业在发展过程中的一些不科学的因素,对我国的环境造成了很大的破坏,主要体现在以下三点:一是企业布局不合理,二是企业环保意识不强,三

是企业规模数量不合理。

首先，乡镇企业发源于乡镇，本着"不离乡"的原则，大多数企业的选址还是位于乡村地域，而这些地域政府环境监管和民间环境监督的力量都非常薄弱，所以乡镇企业面临的是一个监督监管的真空，企业污染不会有太多的压力。而且，我国乡镇企业布局过于分散，这样就进一步造成了监督和监管的困难。很多乡镇企业，为了取水、排水的方便，大都沿着当地的水域建厂，导致河流上下游地区都被污染。政府在查处这些污染企业的时候很费力，刚关闭了下游的工厂，执法人员去查上游的时候，这些下游的工厂马上又开工了。所以乡镇企业的乡村分散布局是一个原因。

其次，乡镇企业的环保意识不强也是一个原因。由于乡村人口的受教育水平相对较低，乡村的环保教育和宣传的力度也相对不足，社区的环保意识就普遍不强，这就直接导致了企业的环保意识也不是很强，而且对环境破坏的危害性认识不足。所以乡镇企业相比位于城市的大中型企业，在生产的过程中更容易忽视环境成本，也就更容易造成资源的浪费和环境的污染。

最后，乡镇企业的规模数量不合理。这里说的规模数量不合理，指的是乡镇企业在几十年的发展过程中发展趋势的不合理，即企业数量急剧增多，但是企业规模却在缩小。1991年，我国乡镇企业的数量为1098万个，平均员工数大约为8.8人，而到了2002年，我国乡镇企业的数量增加到了2132万个，可是企业的平均员工数却只有6.2人了，如果对比

1980年的情况,这个趋势就更明显了。企业数量增多、规模缩小,这样的发展趋势对环境绝对是一个坏消息。乡镇企业数量增多对环境造成的压力很容易理解,为什么说企业规模缩小也会带来对环境的更多破坏呢?因为企业规模越大,越容易成为监管和监督的焦点,对环境的责任越重,在环保方面的投入也相对越多,小规模的企业对环境的考虑则不会那么多。

所以综合上面三点来看,乡镇企业的不科学发展是造成我国环境破坏的一个重要原因。可以说,20世纪我国乡镇企业的蓬勃发展,环境付出了太多的代价。21世纪,我们必须重视乡镇企业的环境破坏问题,如果这个问题解决不好,将对我国未来的发展造成很大的阻力。

(4)政府的非科学发展观

我国环境上出现的问题,与政府的非科学发展观有很大的关系。不少地方政府领导人盲目追求自身所谓的政绩,往往把GDP增长作为目标,只要企业能创造GDP,就不管企业是否危及环境,甚至为了GDP增长而暗地里支持那些危害环境的企业发展,从而严重地危害了环境。总之,政府的非科学发展观是我国企业与环境的关系处理得不好的重要原因。

由上述可见,我国现实经济生活中存在着危害环境的内在冲动,我们要保护环境,就必须消除这种冲动。如何消除这种危害自然的不良冲动?笔者认为需要有企业、社会及政府的全方位努力,基于此点,本文接下来将主要从企业、社会及政府对环境的保护上分析问题。

二、企业与环境的协调发展
需要企业自身的努力

工业革命以后，企业尤其是工业企业的快速发展已经造成了严重的环境问题。现在在西方社会甚至出现了"反增长"的观点，认为经济的增长必然导致环境问题，因此经济不应继续增长。这样的观点虽然不正确也不现实，但从另一个角度来看，也是为西方企业过去高消耗、高污染的生产方式敲响了警钟。我国作为发展中国家，为了避免重蹈西方企业环境问题的覆辙，就必须在现在的发展过程中处理好企业与环境的关系，着力解决现有的环境问题，同时避免新的环境问题的出现。企业需要从长远的角度出发，重新认识自然资源和自然环境的价值和成本，并将这些价值和成本考虑到企业的生产过程中去，减轻企业自身发展对环境的压力，更要发挥企业独特的观察力和判断力，发掘新的利润增长点，努力将环境和环保的因素转化为自身成长的动力。

目前，我国可持续发展战略的核心是经济发展与保护自然资源、保护生态环境的协调一致，要让子孙后代能够享有充足的自然资源和良好的自然环境。对于有远见的企业来说，其发展战略也应当尽量向这个核心靠拢，因为只有企业的价值取向不违背社会的价值取向，才能长期地生存下去，也只有在这样的基础上，我们才能谈企业长远的发展。所以，一个期望成为"百年老店"的企业，必须要建立一个与社会可持续发展战略相一致的企业可持续发展战略。

为了实现企业与环境的协调发展，企业需要作出的努力，主要表现为转变经营模式，即推动粗放型经营的转型。

世界上大多数工业国家的成长，都或长或短经历过粗放型增长的阶段，我国现在也处在这样的一个阶段。这个阶段的特征就是，通过高投入、高消耗、高污染来实现经济的高增长。回顾历史，粗放型的经营方式，其实是伴随着工业革命而产生的，工业革命以后的不少企业，都是依靠粗放型的生产来实现自身的生存和发展的。在工业革命之后的两百多年中，粗放型的经营方式使企业能够以前所未有的速度和规模迅猛发展，增强了人类改造自然的能力，也给人类社会带来了空前的繁荣，从这一点来看，依靠增加投入来实现产出增加的粗放型经营模式是有着它的历史贡献的。但正也是我们改造自然能力的增强，也给我们带来了不少的问题和更多的隐患，粗放型经营发展到现在，已经越来越变得"反自然"了，企业也开始以自然的征服者自居，对自然索取的胃口越来越大，这必然会触碰到自然的极限。粗放型经营对自然的这种掠夺，已经收到了自然发来的不少"罚单"，如果现在不能改变这种粗放型经营模式，恐怕这个单是谁都买不起的。

西方企业发展得比较早，收到"罚单"比较早，所以采取行动也比较早。而在过去的 50 年间，西方大多数国家通过产业输出等手段，成功地将粗放型生产的产业如资源消耗型企业、环境污染型企业从国内转移出去，在国内比较顺利地实现了粗放型经营的自然转型。但现在摆在我们面前的问题是，在西方成功转型几十年之后，我国还能不能走它们的那条老路？答案是否定的。一是因为主观上，我国的这类企业太多，规模太小，转移的成本太高；二是因为客观上，现在全球已经几乎没有合适的地方作为"接力棒"的下一站了。所以我们认为，对于粗放型经营的企业和产业，主要还是要靠自己消化的，而这种消化，则要靠企业自身由粗放型经营向集约型经营的转型，资源消耗型的企业要努力做到资源的节约和有效利用，环境污染型企业则要努力推行清洁生产。只有这样，企业才能摆脱原有的那种依靠增加投入来实现产量增长的粗放型增长模式，进一步建立依靠提高效率来增加产量的集约型增长模式，实现企业与社会的共同可持续发展。

接下来，我们来看典型的两类粗放型生产企业如何实现向集约型生产的转型。

1. 资源消耗型的粗放经营转向节约型的集约经营

前文中提到过，我国单位产值的耗能是世界平均水平的4.8倍，而能源利用率只有世界平均水平的30%左右，比国外的先进水平低10个百分点。钢材、木材、水泥这三种材料的消费强度分别是发达国家的5—8倍、4—10倍和10—30倍。一方面说明我国现在的不足，另一方面也说明在资源利用效率方面我国还有很大的提升空间，如果能够达到发达国家的水平，我国的资源消耗会少得多，所以我国的资源消耗型企业,可以走一条节约型的集约经营道路。

首先,我们想谈谈资源节约的重要性,节约的必要性每个企业都很明白,但是在考虑重要性排序的时候,企业就比较容易忽视资源的节约。其实,就算我们不考虑资源消耗对环境的破坏,单单从企业的成本角度出发,资源就占到了生产成本的很大一部分。现在我国很多企业在管理成本、销售成本的控制上很下功夫,却忽略了控制资源成本这一个方面,以为在现有的技术条件下控制资源成本没有可行性,甚至有人认为抓节约还是20世纪五六十年代的遗风,现在不用讲求这个。这种观点是完全错误的,靠节约来控制资源成本在企业中永远都是受用而且受益的。很多企业的管理模式、营销渠道都没变,仅仅在生产过程中引入了节约资源的工艺,企业的效益就会提高很多。这样的工艺改进其实有很多,依靠企业的技术创新很容易开发出来,关键还是看企业会不会花精力去做,对这项工作够不够重视。如果我国企业都能把资源节约的重要性提升到和市场营销一样的高度,是会有很惊人的效果的。

其次,就是怎么做的问题,这一点我国企业有很多具体的工作可以做,比如节水、节能、开展资源的综合利用、开发可再生的资源等,目的就是要建立低度消耗资源的企业生产流程,以降低资源的消耗,提高资源利用率,尽量实现资源的可持续利用。矿山企业就是一个典型的例子,中国的矿山企业技术落后,乱采滥挖,矿产资源耗费率过高,损失浪费非常严重,再加上管理不善,效益也很低。有报告称目前我国矿产开发的综合回收率只有 33%—50%，也就是说损失了 50%—66%，而且能耗高，耗能量为印度的 2.3 倍、日本的 5 倍。所以现在我国部分企业已经开始学习和引进国外的先进采矿技术，主要做的是节能和提高矿产综合利用率方面的工作，结果带来的成果和效益连企业自己都觉得不可思议。从 2003 年开始，当时的国家经贸委资源节约与综合利用司组织实施了 100 项资源节约重大示范工程，这些示范工程中的企业，在资源节约上的确是有自己的一套办法，企业的节约和增效都做得比较出色，非常值得中国的其他企业学习，这种中国企业自身探索互相学习的方式可能会比向国外企业学习成本更低、效果更好，也更适合中国的国情。

最后，那就是做好资源的回收和循环利用。目前，全世界钢产量的 45%、铜产量的 62%、铝产量的 22%、铅产量的 40%、锌产量的 30%、纸制品的 35% 都来自再生资源的回收利用，而我国同类资源回收利用的情况则要差得多，如果能赶上甚至超过世界的这种平均水平，经济发展对资源的消耗和依赖程度将会低得多。所以，推动资源的回收和循环利用，不仅是企业，而且是我们国家的发展实现由资源消耗型转向资源节约型的一条必由之路。要推动资源的回收和循环利用，首先要做好相关方面的立法工作，这一点我们在后面的章节会有讨论。其次就是要有企业的积极参与，不仅是那些从事回收和再生产的企业要参与，一般的制造企业都要积极参与进来。这一点发达国家做得很好，比如报废汽车的旧发动机的利用，如果靠炼钢企业来处理报废发动机，那么这些发动机回收后作为废钢回炉，只利用了其价值的3%；而如果把旧发动机交回给汽车企业，就可以用这些发动机做"毛坯"，按新发动机标准对主要零部件清理、检测、加工，更新易损件，实现旧发动机再制造，然后作为维修配件使用。这样做一方面实现了资源的循环利用，提高资源利用率；另一方面也解决了因产品更新、旧型号配件停止生产后的供应问题。这就是国外的"再制造"概念。德国大众1998年再制造产品销售额达到了6.7亿马克，其配件发动机中的89%是再制造的。而美国的再制造部件企业1996年的产值就有530亿美元，解决了48万人的就业，是一个很庞大的产业。"再制造"在国内还处在萌芽阶段，上海大众已经利用德国大众的技术开始生产再制造发动机，我觉得我国的企业动作还可以大一点，胆子也要大一些，把再制造的概念演变成企业新的利润增长点，这样才能发掘出资源回收和循环利用的巨大价值潜力，争取把再制造发展成为一个新兴的产业，这也是企业向资源节约型企业转型的一条途径。

2. 环境污染型的粗放经营转向清洁型的集约经营

笔者认为，当前提出企业由环境污染型的粗放经营转向清洁型的集约经营，条件是非常成熟的。

第一个理由是，市场经济体制日趋成熟，产品的价格竞争终将让位于环保竞争。在20世纪尤其是改革开放初期，一方面，环保型企业在致力于污染治理、开发无污染产品的过程中付出了更高的企业成本，其价格竞争力因此受到很大影响。

另一方面,许多不法排污企业想方设法降低生产成本,在治理污染时"偷工减料",却得不到应有的惩处,反而在产品价格上占据了"优势"。对企业致力于环保的积极性打击很大。但市场经济发展到现在,无论是舆论环境,还是法制环境,都已经非常强调环保的重要性,政府和社会一方面加大了对污染型企业的监管和惩罚力度,出台和不断完善相关的制度和法律;另一方面也加大了对环保型企业的支持力度,社会也逐渐认可和推崇环保型的产品。所以,目前的趋势是产品的价格竞争让位于环保竞争。

第二个理由是,企业自身已经认识到环保竞争的重要性,很多企业开始在发展理念中引入产品生产、产品使用过程都有利于环保的"双绿"模式,努力实现企业产品全生命周期的清洁化,这是市场对环保型企业和环保产品的选择在企业生产上的一种体现。我国现在推行企业向清洁型企业的转型,是市场经济发展的必然结果,条件是非常成熟的。

既然转变的条件已经具备,那么如何转变呢?一般来说,企业由环境污染型的粗放经营转向清洁型的集约经营的过程,可以简单地概括为推行清洁生产。联合国环境规划署关于清洁生产的定义是这样的:清洁生产是将综合性预防的环境战略持续地应用于生产过程、产品和服务中,以提高效率,降低对人类和环境的危害。清洁生产是促进企业与环境协调发展,走持续发展道路的重要措施,也是从生产和消费的全过程考虑的。笔者认为,清洁生产对企业主要有这三方面要求。一是清洁的能源和原材料,企业必须采取能源消耗少、产品转化率高的工艺、生产技术和设备。二是清洁的生产过程,对生产过程中产生的废物要实行减量、循环、综合利用和无害化处理。三是清洁的产品,要求其在使用中和使用后不危害人体健康和环境,即生产绿色产品。

可见,通过清洁生产,既可减少资源消耗,又可降低污染。清洁生产不同于末端治理,它主要是利用先进的技术和先进的管理,减少企业在生产或者提供服务过程中的污染物的产生和排放,强调预防为主的思想,从源头降低污染的可能性。用传统的末端污染治理手段,主要是实现环境效益,企业成本很高,经济效益差,而清洁生产方式强调的是环境效益和经济效益的统一,企业在推行清洁生产的过程中能够获得一些经济利益,所以比起单纯的治污更加有吸引力。

总之,笔者认为,只要是有条件的企业和产业,都要推行清洁生产,这样企业才会有动力,才可能走向可持续发展。不过,对于那些推行清洁生产有困难的企业和产业,以及一些已有的污染,只有通过发展治理产业化等方式才能解决。因此,污染的治理需全社会的努力,不仅仅是企业自身。

三、企业与环境的协调需要
治污体制的形成

如上所述,在我国过去半个世纪尤其是最近的二十多年的发展过程中,已经积累了不少的污染问题,其中一些污染已

经积累到了相当难治理的程度,比如淮河的污染、云南滇池的污染,已经成为了历史遗留问题。而同时,我们还有一些产业在发展过程中比较难以推行清洁生产或者不能推行得很彻底,对环境的污染是不可避免的,所以我们必须仍然重视治污问题,坚持对污染的治理。企业既是污染物质的主要排放者,也是环境污染的受害者之一,解决污染问题,企业责无旁贷,并且也将从中受益。而在企业治理污染的时候,政府也必须摆正自己的位置,发挥好服务和监管职能。

如何治理污染？治污必须有良好的体制。所谓良好的体制,就是指治污不是随机性的,而是有稳定的体制。如何形成良好治污体制？从经济学的角度看,笔者认为至少有以下三个方面的问题需要讨论。

1. 治理主体

所谓的治理主体,就是要回答治理的主体究竟是谁？是企业还是政府？笔者认为,污染的治理必须走产业化的路子,也就是说,必须形成以治理污染为经营内容的治污企业,可以将这些企业称为环保企业或污染治理企业,由这些企业承担治理污染业务,这些治污的企业在治理污染中获得企业利润。只有污染治理的产业化,即企业化,才能从根本上治理污染。环保是一个产业,治污也是一个产业,产业化是环保与治污的发展方向。

在污染的治理中,政府的职责是制定法规及治法标准,并监督实施,但政府不是治污主体。政府是监督主体,但不是治理主体。就锅炉排放烟尘来讲，政府只有制定排放标准，只有符合排放的标准锅炉，才准予使用，至于锅炉烧什么燃料，则是企业的事，无论烧煤，还是电和油，都必须达到排放的标准才行。在这种条件下，锅炉使用者就会考虑烧什么燃料最合算。如果烧油可以直接达到排放标准，但成本太高，那么锅炉使用者就会考虑是否烧煤，若烧煤的成本也比烧油成本低，那么锅炉使用者就会让那些治理煤污染的企业为自己治理煤的烟尘排放，使排放达到国家指定的标准，从而把煤作为燃料。在这里，政府只是制定排放标准并监督实行，企业尤其是以治污为经营内容的企业，才是治污的真正主体。

政府在监督过程中，要考虑污染治理产业化的内在规律。例如，当政府对企业的污染罚款低于企业治污所需要的费用时，企业往往会接受罚款而不去寻找治污企业帮自己治理污染。在这种情况下，政府就应提高罚款额度，罚款额要远远超过治污所支付的费用，因为只有这样，企业才会让治污企业帮助自己治理污染。因此，政府对污染罚款额的确定，要考虑治污产业化的内在规律。

2. 治理模式

污染的治理模式有两种：一种是关闭污染源，即关闭那些污染严重的企业；另一种是治理污染源。例如，污染严重的企业被关闭之后，又偷偷开工，因为背后有利润机制的作用，这就是有人需要就业，需要有收入。甚至有的地方政府还保护这种被关闭的企业，任由其偷偷开工，道理很简单：地方政府

需要有税收，需要保证就业。因此，仅靠第一种模式是不行的。实际上不可能做到企业有污染就关闭。

有效的模式是治理污染源。治理污染的主要方式，是设立治理污染的企业，这些企业通过有效的技术改造，将排污企业的污染物处理掉，也就是前面提到的清洁生产的路子。例如，对于锅炉的烟尘，就可以通过脱硫等技术，使锅炉排放的烟尘达到排放的标准，而不是关闭锅炉。因此，治理污染的关键，是要设立治理污染的企业，这些企业通过各种有效技术治理污染。在这种模式下，治理污染的模式是：政府制定治理标准并监督实施，有污染的企业寻求治污企业为自己治理污染，最后达到对污染的治理。

3. 治理成本

治理成本首先涉及治理污染的企业的费用及利润。如果治理污染的企业的费用及利润太高，那么需要治理污染的企业就可能无法承受，从而使治理污染受到阻碍。因此，在利润比较合理的条件下，治理污染的企业应该尽量选择成本较低的治污技术，不能只追求技术性而忽视市场性，即市场的接受能力。治污成本是治污企业必须要注重的问题，应该追求治污的效益，即成本最低而效益最高。政府应该支持治污企业，通过减免税收、提供利润补偿等方式降低治污企业的费用，以保证治污有效发展。

治污成本还涉及引发污染的企业的生产成本。例如，就锅炉来讲，有的燃料可能会减少污染，例如烧油，在这种条件下,我们应该考虑将重点放在对烧煤的排烟治理上。如果不从这个方面考虑而是强行要求将烧煤的改为烧油,恐怕会对经济产生负面效应,而且在现实中也行不通。因此,治污成本还应考虑污染企业的治污成本问题。要尽量做到选择最为有效的而且治污成本也最低的治污方式。政府制定治污标准,允许企业选择各种有效的治污方式,政府不能强行要求企业选择何种治污方式,只要能达到政府所要求的治污标准即可。

治污成本还涉及社会成本。例如,就烟尘排放看,烧油比烧煤好,但我们不能将烧煤完全取消,统统改为烧油,因为这里首先涉及资源短缺性问题,油的资源少,不能全部去烧油。同时,还有一个就业问题,如果都改为烧油,煤炭企业就业怎么办? 因此,治污还要考虑社会成本问题。从这点来讲,恐怕治污的关键是技术和制度的创新,而不是随便关闭那些有污染的企业。

四、企业与环境的协调需要环保产业的发展

上文在讨论形成良好的治理体制时提到在污染的治理体制中,产业化是环保和治污的发展方向。但是,上述所谈的仅仅是环保的一个方面,需要在上述分析的基础上,讨论环境产业的问题。所谓环保产业就是环保的产业化,也就是说别的产业给社会环境所带来的各种负面效应,由环保产业去消除

掉它。过去,环境问题没有实现产业化,大多依靠政府。政府办一个事业单位来进行污水处理,但是仅仅靠政府力量是不够的。尤其是这种还没有形成产业化的所谓事业单位,无论是投资还是经济运作都不成熟。因此,中国要解决环保问题,必须要发展环保产业部门,来专门解决别的部门对环境所带来的各种污染。

那么,环保产业如何建设？笔者认为,在发展环保产业的过程中,要注意以下五点。

1. 要构造大量的环保企业

产业化的载体是企业,要进行产业化,就必须构造大量的企业。近年来,我国已经形成了一些以环保作为发展基础的环保企业。但是,显然不足以应对我们越来越严重的环境问题。所以,一个很重要的任务就是大力推动环保企业的发展。有这样的一些企业,比如说处理废气、烧煤、脱霉的企业,这些企业实际上是在消除别的产业对人类环境破坏的过程中,来赢得自己的利益。我国应该也有条件进一步推动这类企业的发展。

虽然环保企业回报率不是太高,但可持续回报率比较强。比如说污水处理,我们原来想污水处理是政府投资,但实际上污水处理的方向是产业化。产业化使得企业化很快就会形成,这种污水处理企业的回报率虽然不会太高,但是有持续性,恰恰满足大量的中小投资者的要求。因为,公众个人投资所要求的不是太高的回报率,而是一种回报率的持续性。那么，这样如果推动环保企业的这种混合所有制形式的企业的发展，形成一大批以环境为基础的混合所有制形式的企业的话，中国的环保产业就会有很大的发展。所以，我们一直主张把股份制引进到环保企业中来，调动社会的各种经济力量，进入环保产业寻求自身发展，对中国是有很大意义的。所以，环保产业的第一个要点是构造环保企业。

2. 要大力发展环境设备制造业

环保企业要真正消除这种排污的影响，就必须要有非常现代的设备。环保设备是设备制造的重要内容之一。全世界的制造业中，环保设备的制造占了非常大的份额。我们国家现在每年环境设备的社会需求很大，2017 年突破五千多亿元，可是大量的环境设备我国生产不出来，只能靠进口，比如国内城市必需的污水处理设备，国产化水平不足 10%，有90% 多要从国外进口，北京现在引进的就是瑞士的设备。所以，要注重发展国内的环境设备制造业。在制造业中，现在的环境设备制造已经占了非常大的比例，据统计，环境设备制造占整个制造业的比例近 10%。这么大的比例，如果能够加以发展的话，对中国环境问题的解决是很有帮助的。

我国在产品制造、机械制造、环保制造这三大制造业中，环保制造是非常大的产业，所以要积极推动。我们可以"两条腿走路"，一些必要急需的设备，我们要舍得引进，同时必须强调环保产业技术的同步引进，加强消化吸收，提升自身研发能力，这样我国的环境制造业才可能快速发展起来。

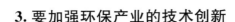

3. 要加强环保产业的技术创新

环境保护产业的技术创新实际上是目前技术创新的重要方向，我国不仅要注意高新技术产业的创新，而且要注意高新技术产业在环保产业中的使用。最近，笔者到俄罗斯考察，发现俄罗斯的实验室经济有很大一批所谓环境技术创新的实验室，我国似乎在这方面表现很差。实际上，整个技术创新都是在现代化的实验室中实验出来的，因此中国环境的技术创新要求大量环境技术创新实验室的发展。这个市场非常大，也给商界提供了很大的机会。所以，推动环境的技术创新很有意义。

最近，笔者去昆明考察，发现滇池污水处理问题解决起来非常麻烦。如果没有重大的技术创新，恐怕很难解决问题。笔者认为，我国技术创新的一个重要方向，就是推动环保方面的技术创新，注重对环保技术的研究，这是一个非常好的投资方向。

4. 要加强对环保产业的金融支持

环保产业需要的金融支持，既包括间接融资——银行的支持，也包括直接融资——资本市场的支持。我国这么多家上市公司，但专门从事环保产业的却微乎其微，未来我们能不能对环保产业在融资方面进行进一步的支持。比如说银行的贴息制和资本市场对环保产业的创新给予更大的支持。否则，没有大量资金支持、金融支持，环保产业是很难发展的。

同时也要考虑民间资本的进入，民间资本是资本市场中一股活跃的力量，但目前我国的环保投资中民间投资只有很小一部分。前文提到过，环保企业符合公众投资要求。在发达国家，环保企业的回报稳定、风险低，一直都是比较受民间资本欢迎的。比如污水处理企业，根据国外的经验，只要利润率达到6%以上，投资者就会考虑进入了。我国目前的问题是环保企业的回报还不够高，同时由于固定资产投入过多，风险由企业独立承担的话仍然会比较大。这个问题需要通过一定的制度创新来解决，也就是一方面要对环保企业给予法律、政策、融资渠道、准入条件上的保障，降低企业的经营风险；另一方面要加强对环保企业的利益支持，提高资本的回报率，这样才能够吸引民间资本进入。如果能够成功地在环保产业中引进一定数量的民间资本，则可以很好地缓解政府的财政压力的。接下来我们讨论一下如何加强对环保产业的利益支持。

5. 要加强对环保产业的利益支持

从事环保的企业，它的利益不能低于平均线，因为商业的运作规则是有利可图，环保企业同样也应该得到相应的利益回报。而环保产业的利润从哪里来呢？一方面来源于客户，比如说你的废水我帮你处理了，但我需要收费；另一方面处理废水，政府要考虑对环保企业的免税乃至补贴问题，要有一个非常有利于支持环保产业的税收制度才行。

笔者曾经看过杭州有一家企业脱硫，为什么呢？现在有的地方烧不了气，成本很高，只能烧煤，烧煤又不能排污，超过标准,所以只好请人帮他脱硫。企业得算账,"你帮我脱硫,所带来的费用,当然就不能大大高于我烧气所带来的费用",这里存在一个利益比较问题。所以,如果脱硫企业的费用确实因为成本问题比较高,政府可以通过用免税或者补贴把费用降下来,也就是前面提到的降低治理成本的问题。协调好利益,对环保产业将有很大的积极影响。

因此,要实现企业与环境的协调发展,真正解决环境问题,就必须从各个方面支持环保企业,大力发展环保产业,让环保走一条可持续发展的产业化路子。

五、企业与环境的协调发展需要
社会和政府的推动

企业的污染问题其实是一个外部性的问题,要实现企业与环境的协调发展,就必须将外部效应内部化,这一点上,很多时候市场是失灵的,所以需要企业、政府和社会来共同做这一件事情,只要企业能够自觉自发做到的,比如环保产业的建设,只要有足够的利润,企业就会自己去做,政府和社会只需要提供良好的支持和服务就可以,要放手让这些企业去做。而那些只靠企业做不到的,就要靠政府和社会来推进,比如资源的更有效配置、环境准入制度和环境监督监管体系的建立。只有企业、政府和社会一起行动,各司其职,才能实现企业与环境的协调发展。

1. 政府要努力实现自然资源的合理有效配置

现在我国自然资源有一个总的态势，即资源结构不合理，开发利用效率低下，且浪费严重。而现在我们的企业正处在一个高速成长的阶段，各地的工业化、城市化进程也在迅速推进，短期中出现一些自然资源的缺口是不可避免的。为了保证我国社会、经济持续、稳定、协调地发展，我们现在急需解决的问题是，如何减小这种资源缺口，避免资源危机的发生。这就对自然资源的合理有效配置提出了很大的挑战，要应对这个挑战，光靠企业自身的行为是远远不够的，尤其是在市场配置手段失灵的时候，更需要政府来充当这个配置者的角色。所以自然资源配置问题的挑战，很大一部分是对我们政府的挑战，政府必须从可持续发展的角度出发，努力实现自然资源的合理有效配置，这个配置有三个方面的内容，一是时间上的配置，二是空间上的配置，三是通过立法推动资源节约和循环使用，因为从一定程度上来说，节约也是资源的一种有效配置方式。接下来我们分开来谈这三个方面的问题。

（1）在时间上合理有效配置

所谓时间上的资源配置有两个方面，一是对于现在可用而未来可能效用降低或者效用消失的资源，我们要抓紧提前使用，比如水电，我们国家有很丰富的水能资源，目前的开发程度还是非常有限的，不早开发利用就相当于浪费了水能资源；二是对于现在可用，但未来可能有更大用途或者具有重大战略意义的资源，我们要从保证可持续发展出发，制订资源的开发和消费计划，严格控制目前的消耗量，保证未来的发展需要。本文接下来主要讨论的还是第二个问题，因为我国目前的主要资源问题是第二个问题，也就是说现在我国资源的总体情况是相当紧张的。有地质专家已经对我国的资源状况发出了严重警告：除了煤之外，中国所有矿产资源都处于紧张状态，将在二三十年内面临各种资源短缺，增加对进口的依赖程度。这种状况如果不加以控制任其发展下去，对国家的资源安全来说是非常危险的，所以我们一定要注意好资源在时间上的合理有效配置。

首先，我们必须使自然资源在单位时间内的产量与需求量相匹配。这样说并不是让我们的资源产量一定要达到需求量，而主要是调整好自产量与进出口量的比例问题。我国从1993 年开始就已经从石油出口国变成了石油进口国，而且现在进口量每年都在急速上升，所以对石油这样的资源，我们可以在国际油价比较低的时候控制国内的产量，多从国外进口一些石油，而在国际油价过高的时候增加国内的自给量。同样，对于一些我们有富余能够出口的资源，比如煤炭和一些金属矿产，在出口的时候不能简单地把这些资源产品同其他的出口产品一概而论，只考虑价格的因素，而是应该从国家未来二三十年甚至更远的发展需求出发，考虑资源的有限性问题，避免国内的产量因为国际的需求而过度增长，因为这同样是一个涉及国家资源安全的问题。

其次，尽可能保持一定的产量潜力。保有产量潜力通俗地说就是资源不要开采绝了，要给自己留一条后路。这种方式是应对国内资源危机的可行手段之一。比如一些不可再生的资源，虽然它们有开采期限，但如果我们有计划、有效率地开采和利用这些不可再生资源，依靠科技积累，不断开发出新的使用技术，或者是发现新的替代资源，就能够满足企业和社会的持续发展需要。煤炭和石油就是一个很好的例子，最开始的时候我们只认识到它们可以用来烧，后来化学技术发展了，我们发现煤炭和石油可以用来做化工原料，石油也能够提炼出各种各样的成品油来满足不同的需要，这些都比原来直接用来烧有价值得多，而且接下来技术越发展，我们对煤炭和石油的利用程度越深，利用效率就越高。所以，现在我们用得越少，留下来的资源利用价值一般是越大的，留给我们寻找替代资源的时间也越多。笔者还曾经和一些研究能源安全的专家讨论过一个问题，其实我们可以由国家虚拟出资控制一些关键性的资源。比如我们可以先不开采在南海或是新疆新勘探出来的油气资源，把这些油气封存起来，在以后有紧急需求的时候再开采，保有这样的一种产量潜力是可以通过立法和政府的行政手段实现的。

最后，我们还应当保持一个合理的储备量，尤其是那些有关国计民生的战略性资源，我们必须有一个有效的储备体制。前面的保有产量潜力，从广义上来说也是资源储备的一种方式，而我们这里说的资源储备，从狭义上来说是已经开采出来的资源成品的储备。有人说，二十年前日本从中国进口煤炭，并把这些煤炭装进特制的容器封存，然后沉入海底。我们没有去验证这个说法的真伪，但现实状况是，日本的石油战略储备水平达到了 169 天，美国的石油战略储备一般维持 90 天，最高为 118 天,而我国几乎没有战略储备。另外,我国现在的石油进口依赖度已经非常高,中国的石油需求也已经成为左右世界油价的最重要的力量,这也意味着国际的油价能够对国内的经济运行产生巨大的影响了。所以现在石油战略储备体系的建立,已经是关系到我国经济正常运行的一个很紧迫的问题。石油战略储备,与前文提到的那种以"低进高出、多进少出"为原则进行经营的储备不同,那最多只能算是规避石油价格风险的商业库存,可以完全由市场和企业来运作,政府只需要做引导和调控工作,而所谓战略储备则是纯粹为了应付战争、自然灾害等突发事件,只能轮换不能动用的储备,战略储备的最大目标就是保障石油供应安全,需要从国家甚至国际的角度考虑进行统筹规划。而至于如何建立石油战略储备,则是一个投入非常大、技术上非常复杂的问题,就不是本书的讨论范围了。石油战略储备的问题从一个方面说明了全面建立资源储备体系的必要性和紧迫性,对政府来说,把储备体系的建立从讨论层面提高到实施层面,已经迫在眉睫。

（2）在空间上合理有效配置

考虑企业与资源在空间上的合理有效配置,其实也就是在考虑两个方面的问题:一个是资源的配置问题,另一个是企业的配置问题。两个问题都要以就近原则为出发点,能够进行空间配置的资源,要考虑接近企业,能够进行空间选择的企业,也要考虑接近资源。资源配置的成本,主要就是自然资源的运输成本,而企业配置的成本,主要是企业搬迁的成本或者定位成本。所以两个问题可以统一起来考虑,就是两种方式成本的权衡问题,我们要尽量按照小成本的方式进行资源或者企业的有效配置。

我国的资源总量比较丰富,但是在分布上极其不均衡,比如水能资源主要集中在西南,煤炭资源主要集中在北方,水资源则主要集中在南方,而大多数企业都分布在东部沿海。所以出现了很多的大型资源配置工程,如北煤南运、南水北调、西气东输、西电东送,这些资源配置起来虽然工程规模很大,成本也很高,但相对企业的重新配置成本还是要低很多,所以笔者认为是一种可取的方式。这些工程中,具体的施工和建设都可以交给企业来做,国外的很多大承包商和建设商都有这方面的经验和技术,我们国内的企业也有参与竞争的实力,但总体规划一定是要中央政府来做决策的,决策的主要原则就是从全国的整体利益出发,实现资源在空间上的合理有效配置。

我国在资源配置方面的问题,主要还是一些天然因素造成的,所以有一些问题是不可避免的,但是在企业配置方面的问题,则是有很多的人为因素在里面起到了不好的作用。比如很多地方由于地方保护主义和政绩的需要,上了很多不该上的项目,离资源很远,企业从一出生就没有竞争力,而且很可能造成重复建设,这样的问题在以后必须要避免出现,政府需要加强对这方面的控制和引导,对一些资源依赖性强的企业加强监管和审批工作,要求地方和企业提供可行性和经济性的研究,不具备资源优势的企业要考虑有什么其他的优势,处于资源劣势的企业则一定不能上马,避免造成更大的浪费。

前文的都是资源在国内的空间配置，其实我们不仅要看资源的国内配置，也要看资源的国际配置。我们现在的资源产出和消费大国地位，已经要求我们必须树立起全球资源观念，首先是全球的资源获取观念，企业可以把获取资源的渠道向国际拓展；其次是全球的资源供给观念，我们在考虑产出的时候也要兼顾国际需求，承担一定的国际责任和义务；最后是要培养对国际资源的危机应对能力。有件事很能说明问题。2006 年欧盟和我国在焦炭出口的问题上出现了比较大的摩擦，起因是焦炭的国内国际需求旺盛，焦炭的国际价格狂涨数倍，但是焦炭的生产有很大的环境污染，而且现在的焦炭生产投资过热，所以国内必须对焦炭行业的投资进行急刹车。另外，也不得不对进入国际市场的焦炭量进行限制，例如 2006 年将中国焦炭出口配额从 1200 万吨削减到 900 万吨。结果世界的钢铁巨头都很急，没有中国的焦炭很多炼钢企业都面临着停产的危险。欧洲的钢铁企业甚至搬出了欧盟，直接向中国商务部提出了警告，并威胁要告到世贸组织去。这样问题就闹大了，而且处处都很被动。笔者认为，在当初作出削减焦炭出口配额决策的时候，很多决策者都不会料到国外会作出如此强烈的反应。这是一次教训，说明了我国不少政府部门还是缺乏全球资源观念的。在以后的政策制定中，我们应当多体现全球资源观念，要能够应对可能出现的各种复杂的国际情况，尤其是资源贸易上的摩擦，这样才能在全球的资源配置体系中处于主动的地位，获取和保持各方面的资源优势。

（3）通过立法推动资源节约和循环使用

除资源的时间空间配置之外,资源的节约是资源有效配置的另一种方式,通过资源的节约和循环使用,可以将有限的资源更经济、更有效地利用。前文中一提到企业要通过"再生产"等方式来实现资源的节约和循环使用;而对于政府来说,则要积极利用立法手段,靠法律和法规来推动资源的节约和废弃物的资源化,这种方式在发达国家尤为普遍。比如垃圾分类制度,如果只是靠民众的自觉,这样的制度恐怕很难实现,所以只能靠立法来推动。日本的垃圾分类法规做得非常好,星期几扔什么样的垃圾都是规定好了的,使用无色透明垃圾袋,便于增加垃圾分类的透明度,如果不按照规定的时间和方式处理垃圾,会受到很严重的处罚。其他的发达国家也大多是如此,美国有专门的环保警察检查垃圾分类情况,如果不在指定的地方分类放置垃圾,一次罚款便是 25 美元,以后再犯会加倍罚款。笔者认为,我国也应当通过立法赋予环卫部门罚款权,比如一个单位的垃圾没有分类,使回收部门无法接纳,环卫部门应有对其罚款的权利。在规定企业该如何实现资源的循环利用时,发达国家也有比较完善的立法支持。德国在 1996 年就颁布实施了《循环经济与废物管理法》,规定对废物的处理顺序是:避免产生—循环使用—最终处置。韩国从 1992 年就通过立法实行"废弃物预付金制度",即企业要依据自身产品出库数量,按比例向政府预付一定数量的资金,根据其最终废弃资源的情况,再返回部分预付资金。而到了 2002 年,韩国政府又通过立法,将"废弃物预付金制度"改

为"废弃物再利用责任制"，把原来限制废弃的要求，提升为资源再利用的要求。在这个过程中，政府立法起到了关键性的作用，给了企业很好的引导。所以在资源压力日益增大的情况下，我们可以积极借鉴国外的成功经验和成熟方法，制定一系列节约资源、提高资源利用率的法规。只要能够把节约资源纳入法制化的轨道，通过法律的强制力来推动资源的节约，将会缓解目前我国的资源压力。

2. 推进环境准入制度

所谓环境的准入制度，就是人类任何生产和消费的后果都要从环境的要求来考虑问题，人类的生产消费行为能不能进行，首先要考虑对环境的保护，所以涉及许可证制度或者是准入制度的问题。我国也应该建立环境的准入制度。

在我国要建立环境准入制度，笔者认为有下述几个问题值得注意。

首先是环境准入内容的全面化。即无论是产品的使用、企业的生产，还是工程项目，都必须要获得准入制度才行。而我国在这三方面，真正要求有环境许可证、有准入制度的几乎很少。要想真正贯彻这种准入制度，就要研究这种准入制度内容上的问题。

其次是准入制度的准入的标准要不断提高。我们对环境要求的标准要不断提高。比如说汽车尾气的问题，1999 年 1 月起，北京开始实施的是欧洲 I 号排放标准，而到了 2002 年，北京已经开始实施欧洲 II 号排放标准，2005 年，北京引入欧洲Ⅲ号排放标准。这个标准提高我们应该欢迎,因为北京很大的一个污染源就是汽车使用过程中产生尾气与颗粒物污染,提升尾气的排放标准会改善北京的空气质量。同时,准入标准的不断提高也给汽车生产企业提供了一个新的竞争领域,那就是环保产品的推出和汽车的环保改进,那些没有环保实力的企业在这样激烈的竞争情况下将会很难存活。从上面汽车尾气排放标准的例子我们可以看到,制定不断提高的准入标准,不但能够有效地改善环境质量,而且有利于加速企业的优胜劣汰,将市场资源和物质资源根据环保的要求进行重新分配,同时也让在竞争中胜出的企业更加认识到环保的重要性,加强在环保方面的研发投入,可以说是一举多得的。当然,标准的提升不能脱离实际,要随着发展不断地调整才行,而且要考虑的不仅仅是一种标准的提高,要统筹起来考虑,规划好各种准入标准的提高,注意标准提升的匹配性。

最后是环境准入制度的法制化。也就是要确立准入是一种法律,不是一般的导向,不是一般的道德问题,而是一种法律问题。如果违反了这种准入制度,就要追究法律责任。国外还有一种模式,就是国家可以制定准入法律,地方也可以在国家准入法律基础上补充内容,形成差异化的地区准入制度。但不能做删减,也就是说准入制度的内容只能更严格,不能打折扣。

3. 推进监督监管体系

环境准入制度的建立,主要是为了遏制和淘汰那些对环

境有很大破坏的企业，甄别和筛选出对环境更有利的企业。而监督监管体系的建立，则是为了监视和维持企业的健康状态，随时发现、制止并惩罚企业破坏环境的行为。如果说环境准入制度是为环境设立的一道事前防线，那么监督监管体系就是一道事后清算的反击线，准入制度体系和监督监管体系两者缺一不可。所以我们不仅要推进环境准入制度的建设，也需要推进监督监管体系的建设，必须建立起一整套完善的环境监督监管体系。监督和监管体系一般来说有三个方面的内容。

一是监管，实施环境监管的主要机构是各级政府，而且这种监管必须具有强制性。过去我国的很多监管问题主要出现在执法困难上，有两个原因：一方面，监管缺乏强制性；另一方面，监管队伍松散，缺乏自律。那么，如何赋予环境监管更大的强制性，最好的办法就是通过立法手段，因为法律拥有很大的强制力。而且不仅要针对企业立法，对监管部门也要立法，让监管部门自身先有一个很好的约束机制。2004年首例"环境监管失职罪"的判定引起了各方面的注意，当玩忽职守也能够成为定罪的理由时，监管部门的积极性和效率会得到很大的提高。

二是监督，监督要强调公民的作用，要有从媒体一直到各个层面的一整套监督体系。现在我国的媒体监督做得还可以，曝光了一些破坏环境的重大事件；但也有记者一到事发地就收了不该拿的钱，事情就被包起来了的现象。这里面有一个职业道德的问题在里面，记者要讲职业道德，地方政府的官员也要讲职业道德，不能阻碍记者披露事实，更不能通过地下交易搞不了了之。爱尔兰的塔拉公司是欧洲最大的锌矿企业，它在爱尔兰建设新的锌矿时，除了过去法律规定的几条环境监督内容，如定时定期检查河水和污水水质之外，当地的居民还在环境监督的内容中加入了非常有意思的几条：河中必须常有鲑鱼，而且要求企业定期请第三方调查鲑鱼群和系统地分析鱼机体组织内的重金属含量。这是一个很聪明的办法，居民可能看不懂专业的化学鉴定报告，但是能很清楚地观察到河中鲑鱼的情况，通过生物的生存情况来监督企业的污染情况。我国可以通过建设一些有效的渠道和非政府非营利机构，让公民更多地加入到环境监督中来，改变目前公民监督缺位的状况，让公民监督真正地发挥效用。

三是环境问题举报制度，环境问题举报制度在监管和监督体系中的地位非常重要。每个公民都有检举破坏环境的不良行为的义务和权利，应该鼓励和发动公民自觉对有关破坏环境行为进行举报，这将有利于我国环境问题的监管和监督。目前，我国有举报制度，但很多时候都不畅通，甚至是形同虚设。比如湖南江永的百人砒霜中毒事件，1999年这家经当地有关部门的默许，但未经上级部门批准的砒霜厂投产后，使周围村庄粮食减产甚至绝收，当地的农民意见非常大，上访不断，可是举报一直得不到回音，更不用说解决，如果不是广西邻县也受到污染，把这件事告到了国家环保总局，恐怕这家企业一直都不会被关闭。所以现在的当务之急是建立一个有效的环境问题举报制度，让公民的举报能够快速真实地传导到

相关部门。国外许多国家都建立了这种举报制度，且在环境这方面都有许多好的做法，我们应加以借鉴和学习。

　　总之，监管、监督、举报这三大制度的统一和完善，才能构造一个良好的监督监管体制。

软实力:新时期必须发展的文化经济[①]

现代化强国的一个重要标志是文化强国,要有文化话语权,因而发展文化经济是建立现代化强国的必然选择。可以说,文化经济是人类社会发展到较高阶段的产物,它的产生和迅速扩展是不可阻挡的历史趋势。在我国未来发展中,文化经济将在经济、文化两个方面发挥作用并形成合力,不仅成为拉动经济发展的重要引擎,而且成为获取文化话语权、实现文化复兴的基本途径,为中华民族伟大复兴提供强大动力。

一、理论与历史进程

文化经济是人类经济社会发展到较高阶段的产物。伴随人类社会发展同时出现两种趋势:一方面是文化越来越带有

237

经济的特征,文化成为重要的国民经济部门;另一方面是经济越来越带有文化的特征,文化成为经济的内核。经济和文化边界相互渗透、高度融合,由此衍生出一种新的形态——文化经济。

1. 文化的经济化

文化的经济化指的是,随着人类社会向更高阶段发展,文化逐渐具有经济特征甚至成为一种独立的经济形式。文化经济化主要表现为三个转变:一是动机转变。在早期,文化生产的动机只是娱乐和艺术等精神追求,现代以后其动机转变为牟利,为赚钱而生产。二是受众转变。在早期,文化作为一种高层次精神产品,为少数统治群体专享,现代以后其面向对象扩展到社会绝大多数群体。三是规模转变。在早期,文化的经济产出很小,几乎可以忽略不计,现代以后其规模迅猛扩张,甚至成为重要的国民经济部门。文化实现这三个转变的过程,就是文化的经济化过程。

在人类社会发展相当长的一段时期内,文化是脱离经济而存在的。文化是人类社会与生俱来的活动形式,在文字尚未产生的年代,人类已经开始用器物和符号表达自己的价值观念。此后,陆续出现文字、舞蹈、音乐等独立的文化形式。然而,在这一时期,文化和经济几乎是完全脱离的。如我国西周时期已经有了完备的编钟文化,在祭祀、会盟、宴享、婚丧嫁娶中都有广泛使用。然而,编钟文化只是当时礼制的一部分,面向的只是国君、卿大夫等极少数群体,不仅如此,"人们的社会地位不同，所奏的音乐不同，使用乐器、特别是铜编钟的规格和等级也不相同"。因此，这种文化不仅和经济完全脱离，而且也不存在经济化的空间和可能。

近代以前，文化的经济特征都不显著。尽管在此历史期间，一些文化形式高度发达，已经具备商业化的某些特征。如我国两宋时期的"瓦肆勾栏"就是音乐歌舞文化商业化的重要形式。在宋代"瓦肆"中有一些固定的表演曲艺、杂技、杂剧的商业性演出场所，其四周设有护栏，被称作"勾栏"。市民进入"勾栏"观看演出需要买票，因此"勾栏"实际就是当时的歌舞音乐剧院。但总体来说，这一历史时期文化能实现经济化的仍是个别、零星、局部的现象：一是文化产品的受众仍限于少数有闲群体，对于大多数劳动者来说，既没有财力也没有闲暇来消费文化产品；二是文化产品本身形式仍然比较简单，产品同生产行为无法分离，"看戏只能到戏院且只能即时欣赏"，这就大大限制了其传播能力，经济性受到极大限制。

进入 20 世纪以后，西方资本主义国家出现文化大范围、深层次经济化的过程。这一时期制约文化产业化的两个"瓶颈"得到了很好的解决：在工人阶级的持续斗争下，工人阶级的工资普遍获得提高，"八小时工作制"也逐步被确立为法律，大众对文化消费既有了支付能力也有了时间。与此同时，唱片、电影、电台、电视等新传播技术不断出现，文化产品得以大批量、低成本地实现复制和扩散，文化产品的生产成为福特意义上的生产线作业。在这一背景下，文化的生产、交换、分配、消费具有了一般商品的特征，文化成为一种工业或产业。

20 世纪 80 年代以后，随着电脑、手机、网络等新技术的出现，文化产业的范围不断扩张，程度不断加深，体量不断膨胀，成为国民经济的一个独立部门，甚至对经济发展整体具有了显著影响。

2. 经济的文化化

与文化的经济化相向发展的是经济的文化化。经济的文化化指的是，随着人类社会发展，原来已有的大量商品逐渐具有了文化的特征，甚至文化性占据主导地位。经济文化化的过程不易被人们所察觉，它随着消费水平的提升、消费潮流的变化而悄然发生，往往当一种商品的文化性占据主导地位的时候才被人们所认知。在这一过程中，对不同商品来说其经济文化化的程度存在显著差异，有些商品可能已经实现了非常充分的文化化，而另一些商品却可能并不明显，但总的趋势是经济文化化的不断扩展和深化。

经济文化化是随着物质产品不断丰富和人们消费水平不断提高而产生的。在物质产品不丰富的年代，人们购买商品以满足基本生存需要为首要目的，而在温饱问题解决之后，则转向更高层次的精神需求。商品中蕴涵的文化的"分量"越来越重，甚至占据主导地位。如茶叶产业，我国栽培茶叶已有四千多年的历史，茶叶成为大宗贸易品也已有上千年的历史，当年的海上丝绸之路同时也是海上"茶"路。随着经济社会向更高阶段发展，茶叶已经不再是一种单纯的物质产品，它的文化特征越来越突出，甚至超越了茶本身。茶文化成为茶产业的灵魂，决定了产品价值和产业发展形态。

经济的文化特征已经越来越强。几乎所有的消费品都已经出现文化的特征，如餐饮、服饰、建筑、汽车、体育、旅游等莫不如此。人们去选择餐馆用餐，实际是选择某种餐饮文化；人们选购服装，实际是选择某种服饰潮流；人们购买 iPhone 手机，实际是选择某种时尚的生活方式。不仅如此，消费品所处的位置越高端，其文化特征就越显著。其中比较典型的是美国哈雷摩托。一辆哈雷摩托的价格高于一辆普通汽车，人们购买这一商品已经完全超出了交通出行的实用需要，看重的主要是其背后所蕴涵的富有、自由、平等、竞争的牛仔精神。这种追求甚至已经成为风潮，"年轻时有辆哈雷"成为美国人的普遍追求，并向全世界传播扩散，哈雷摩托得以百年畅销不衰。从趋势来看，随着人类社会向更高阶段发展，经济的文化特征将会更为强化，其所蕴涵的文化价值也将更加丰富。

一些经济部门已经出现整体性的文化化。如旅游业，改革开放以来我国旅游业出现快速增长，已经成为国民经济的重要组成部分。2016 年旅游业实现增加值 3.3 万亿元，占到 2016 年 GDP 的 4.44%。与此同时，旅游产业与文化产业的边界逐渐模糊，文化成为旅游最重要的内涵特征，而且越来越突出。以目前如火如荼的特色小镇建设为例，至 2017 年年底全国第一、第二批特色小镇共有 403 个，加上地方政府正在培育中的 2000 多个特色小镇，到 2020 年规划中的特色小镇达到 2500 个，其中绝大多数都是旅游小镇，着眼于当地特色文化的发掘和培育，文化氛围营造成为其建设的核心和关键。

我国旅游业在整体上与文化已经相互渗透、高度融合。2018年3月,国家公布国务院机构改革方案,将文化部、国家旅游局的职责进行整合,组建文化和旅游部,就是顺应了这一趋势。

3. 文化经济新形态应运而生

文化经济正是基于上述两个趋势而产生的。一方面是文化的经济化,另一方面是经济的文化化。随着这两个趋势同时相向发生,文化与经济的界限已经模糊,彼此渗透融合且渗透融合的范围和深度不断扩展。对两者边界处的某种业态来说,很多时候已经难以准确判断它是经济化了的文化还是文化化了的经济,甚至很难判断它到底是文化属性多一些还是经济属性多一些。以旅游业为例,这一产业既有大量的文化经济化现象,同时也有大量的经济文化化现象,对其属性已经很难作出判断。在这一背景下我们提出了文化经济的概念。

文化经济就是同时具有文化属性和经济属性的事物及发展形态。这一定义包括三个要点:第一,文化经济必须同时具有文化和经济两种属性。仅具有文化属性的不能称为文化经济,如单纯的思想观念、价值观念、传统文化、艺术本身都不是文化经济的范畴,同样地,仅具有经济属性的也不能称为文化经济,如一般意义上的投资、消费、财税都不是文化经济的范畴。第二,文化经济的这两种属性并不需要充分和绝对。如文化事业,和文化产业相比,它的经济属性大为弱化,但从创造 GDP、吸纳就业角度来看也具备一定的经济属性,因此,文化事业和文化产业同样都属于文化经济的范畴。第三，文化经济是一个与时俱进的体系。文化的经济化和经济的文化化，都是人类社会发展到较高阶段的产物，且会随着人类社会向更高阶段发展而进一步渗透交融。因此，文化经济是一个相对开放而不是封闭的体系，大体来说文化经济的范畴处于动态拓展之中，目前不属于文化经济的有可能在未来成为文化经济的一部分。

4. 文化经济是未来我国经济发展的重要引擎

文化经济已经成为经济发展中最具活力的组成部分，具有影响和带动全局的作用。目前，我国文化经济已经实现初步发展，但与国外发达经济体相比仍存在不小的差距，文化经济的加速赶超将成为我国未来经济发展的重要引擎。

文化经济已经成为一国经济发展的战略驱动力量。随着世界经济从工业经济时代向后工业时代过渡，社会生产已经开始由生产、制造商品为主，逐渐转变为以提供服务为主。在这个过程中，生产的要素已经从过去的以自然资源为主，转化为以文化、信息、科技等要素为主。文化与经济渗透融合的范围、深度和效果，直接影响产出的效率和竞争力。文化经济迅速发展、扩张，已经成为经济发展中最为活跃的力量，甚至对经济发展全局都具有举足轻重的作用。

文化经济对经济发展的作用主要依托文化产业来体现。美国是目前文化产业最发达的国家。美国文化产业规模庞大、行业种类齐全，并且多数都居于世界领先地位。在美国，最富有的400家企业中有72家是文化企业。在领先的现代科技和雄厚资本的支持下，美国形成以电影、电视、报纸、艺术、娱乐、体育为核心的强大文化产业群，每年生产出种类繁多、数量庞大的文化产品。美国文化产业对整体经济发展已具有举足轻重的影响。美国国际知识产权联盟（International Intellectual Property Alliance, IIPA）发布的系列年度报告显示，美国核心文化产业增加值占GDP的比重一直超过6%，如果计算全部文化产业增加值，则会占据美国GDP的11%以上。美国文化产业规模已经远超过汽车、飞机、金融、保险，成为名副其实的第一大经济部门。不仅如此，美国文化产业的增速长期快于GDP增速，按最近的统计，2012—2015年核心文化产业增速超过GDP增速2.7个百分点。美国文化产业对经济发展已经具有了引领作用。

其他主要发达国家经济体也出现类似趋势。在英国，文化产业增加值占GDP的比重超过7%，是其第二大经济部门。过去十多年来，文化产业是英国发展最快的产业，平均增速超过同期经济增速的1倍左右。英国文化产业雇员超过200万人，是英国容纳就业人口最多的产业，占到总就业人口的1/12，远高于其他国家。在德国、法国、日本、韩国，尽管其文化产业各有侧重，如德国重会展、法国重出版、日本重动漫、韩国重游戏，但文化产业无一例外都已成为重要的支柱产业，是其经济发展中最具潜力的增长点。

改革开放以来，伴随着原有计划经济体制下国家与社会、文化与经济的分割界限被打破，文化经济作为一种新的形态开始萌生发展。我国文化经济虽然起步较晚,但甫一出生就受到国家的高度重视。尤其是 21 世纪以来,国家出台了大量鼓励扶持文化经济的政策法规,致力营造有利于文化经济发展的环境。

在相关政策的推动下,我国文化经济出现加速赶超的势头。仍以文化产业来说,21 世纪以来我国文化产业种类和规模都不断扩展延伸,文化创意、"互联网+"、动漫产业等新兴业态从无到有,发展迅猛。如 2017 年以"互联网+"为主要形式的文化信息传输服务业营业收入达到 7990 亿元,增速高达 34.6%。文化经济已经成为国民经济的重要部门。2004—2016 年,我国文化产业增加值从 3440 亿元增长到 30785 亿元(名义值),年均增长率超过 20%,超过同期 GDP 增速 1 倍以上。文化产业增加值占 GDP 的比重也持续提高,从 2004 年的 2.15% 提高到 2016 年的 4.14%,几乎提高了 1 倍。文化经济已经成为我国经济发展中举足轻重、最具活力的部分。

从中长期来看,在我国经济发展中文化经济将发挥更重要的作用。第一,从供给要素看,文化经济的作用将会更加突出。从支撑我国中长期发展的几个要素来看,劳动力增长已经趋缓甚至可能出现负增长,资本大量投入难以长期持续,未来发展将更加依赖文化与其他经济要素的融合,由此提高生产效率和实现产出增长。第二,从需求层面看,未来文化经济仍将出现快速增长。文化经济本身是人类社会发展到较高阶段的产物,当人类社会向更高阶段发展时文化经济往往会出现加速增长。2016 年我国城镇居民人均文化娱乐消费支出

达到 1269 元，农村居民达到 252 元，近几年来，无论是城镇居民还是农村居民，人均文化娱乐消费支出增速都显著超过同期人均消费支出增速，如果考虑到新型城镇化不断推进、大量农村居民转为城镇居民的因素，文化消费还将出现爆发式增长。第三，从国外经验看我国文化经济还有广阔发展空间。2016 年，美国文化产业增加值占 GDP 比重达到 11.69%，其他发达国家多在 6%以上，且仍在不断提高。我国文化产业增加值只有 GDP 的 4.14%，显然还有广阔的发展空间，是名副其实的朝阳产业、新兴产业及黄金产业。第四，从文化资源看我国文化经济还有很大开发潜力。我国拥有中华民族五千多年历史孕育的优秀中华文化，又有革命、建设、改革中创造的革命文化和社会主义先进文化，如果通过改革消除体制机制障碍，实现文化资源的深度发掘和有效利用，将会成为经济发展的强大助力。

文化发展的战略任务是获取文化话语权、实现文化复兴。文化作为一国价值观念、社会制度和发展模式的整体表征，先天具有差异性、国际性和渗透性的特性。在历史发展相当长的一段时期内，中国文化在全世界处于领先的地位，成为周边各国膜拜和效仿的对象。然而近代以后，西方文化强势崛起，成为世界上优势性、主导性的文化，中国文化一度沦落于弱势、边缘、衰微的地位。改革开放以来，我国从文化上的被动输入转变为主动输入，又从主动输入转变为输入与输出并重，经过几十年的引进、消化、吸收、提高，已经形成中国特色社会主义文化并日益成熟。未来获取文化话语权、实现文化复兴，就是要使中国文化从相对弱势的文化转变为占据优势的文化,不仅在国际社会获得广泛认可,而且可以对其他国家产生吸引力、感召力和影响力,这是未来文化发展的战略任务。

获取文化话语权、实现文化复兴,对文化发展提出了更高要求。在中华民族伟大复兴的过程中,中国将努力获取三大话语权:科技话语权、金融话语权和文化话语权。在这三大话语权中,文化话语权的获取将是最难的一个,也是最具标志性的一个。目前,随着经济社会的快速发展,我国已经取得了相当程度的科技话语权,金融话语权也已有了目标和途径,而文化话语权的获取仍相对滞后。在文化领域,外国公众对中国价值观念缺乏充分了解,国际社会对中国道路与中国经验的认知存在猜测和误读,中国文化的魅力和影响亟待拓展。总体来看,中国对国际文化潮流尚未占据引领地位,所拥有的话语权与自身大国地位仍然很不相称。要想完成获取文化话语权、实现文化复兴的战略任务,仍然要有很长的路要走。

二、文化经济的要素及体制

文化经济作为一种重要的社会经济活动,当然有着自身的运行轨迹,有着独特的范畴及运行体制。

1. 文化商品

文化商品是文化经济的载体。这里的"商品"不是一般意义上的，而是一个政治经济学的抽象概念，其定义是为交换而生产的劳动产品。可以说，文化商品蕴涵了文化经济的基本矛盾，构成文化经济学研究的逻辑起点。

作为社会意义载体的文化产品和文化服务，在传统社会中并不以商品的形式存在。文化商品正是文化和经济相互交融的产物，其背后是文化和物质生产领域中分工—交换体系的交织、深化与演进。一方面，物质生产领域率先建立起来的商品经济关系进入文化领域。无论是有形的文化产品（书籍、绘画、电影），还是无形的文化服务（戏曲、歌剧、音乐），都转变成"为交换而生产"的商品。另一方面，原有物质生产领域的商品也越来越具有文化内涵，服饰、餐饮、住房、汽车，这些衣食住行中的消费品愈加体现文化要素，并因此产生显著溢价。

商品包含使用价值和交换价值两个维度。使用价值表现为其有用性，交换价值则表现为其能够交换到的其他商品的数量或者货币表现。文化商品与普通商品的交换价值是相通的，其背后是文化与物质两种生产领域之间社会劳动的交换。文化商品的特殊性体现在使用价值上——其有用性更多表现为对人类精神意识的影响。当然，很多文化商品也包含物质载体，其使用价值既包括精神层面，也包括物质层面。但一个商品的文化气息越浓，使用价值在精神层面的体现也就越大。例如，时尚服饰可以用于穿戴，其有用性却更多表现在审美与社会标识上。因此，与普通商品相比，文化商品的民族性、时代性强，受意识形态、道德伦理的约束大，对其进行生产设计必须要考虑到这些因素。

使用价值与交换价值的矛盾，构成了文化经济的基本矛盾。作为社会意义生产的载体，文化商品的使用价值服务于人的精神意识，并天然具有公共性。而文化商品的生产者是为了追求交换价值而生产。这一行为特征对文化商品使用价值的影响是双重的。一方面，它深化了文化生产领域的分工体系，有助于增加文化产品和服务的数量，丰富其种类。另一方面，它也可能导致生产者更多追求收视率、点击率等市场因素而忽视使用价值本身，造成文化产品和服务的庸俗与媚俗，违背其促进人的发展这一根本要义。

2. 文化资本

文化资本是为文化经济提供动力的发动机。要把握文化资本，首先必须理解"资本一般"。

在马克思看来，资本是能够带来剩余价值的价值。这一理解包含了三个层次。第一个层次，资本在物质形态上表现为生产资料的累积。西方经济学对资本的理解就止步于此。第二个层次，资本的本质是一种获得并积累剩余价值的社会关系。正如马克思所言，"黑人就是黑人。只有在一定的关系下，他才成为奴隶。纺纱机是纺棉花的机器。只有在一定的关系下，它才成为资本"。第三个层次，对剩余价值的无限追求使得资本"只能理解为运动，而不能理解为静止物"。这种运动表现在两个方面：一方面是资本形态在货币资本、生产资本、商品资本之间不断转化；另一方面是资本不断在不同行业间转换、不断开辟新的行业，并在资本积累的过程中不断提高自身的有机构成。

文化资本作为文化领域中的"资本特殊"，同样应从上述三个层次理解。在物质形态上，文化资本表现为文化生产过程中的生产资料，既包括有形的文化建筑、生产设备、劳动力；也包括无形的版权、知识产权、品牌商标。在价值形态上，文化资本是文化生产中艺术家、产品经理、普通员工、管理者与股东间的社会关系。在运动过程中，文化资本在文化领域的不同资本形态与不同行业间转化，并且以货币资本为中介同资本一般相连接，从而打通了文化生产和物质生产。

以迪士尼公园为例，其文化资本在物质形态上表现为公园内部的娱乐设施及其 IP 的影响力上，通过吸引源源不断的游客而获取利润；但在更深的层次上，文化资本是在其生产资料占有基础之上，设计师、运营人员、销售推广员、产品经理、股东所构成的生产关系；而从资本运动的视角考察，迪士尼以 IP 为内核，其文化资本可以从主体公园拓展到电影、电视、服装、玩具等衍生品领域，并能通过转化为货币资本形态进入到其他的非文化产业。

正如文化商品中存在使用价值与交换价值的矛盾，文化资本积累同样具有两面性。一方面，对剩余价值和超额剩余价值的追求，以及文化资本间的竞争，构成文化经济规模扩张与结构跃迁的推动力。从电影、电视、社交媒体、网络游戏到直播平台，文化资本积累的行业不断拓展；新的创意与技术进步也不断产生。但另一方面，在这一过程中，文化消费不再是为了实现人的精神解放，而是为了剩余价值的实现。在资本的驱动下，大量的广告、宣传使文化被"物化"，消费者被裹挟为文化资本再生产的一部分。原本体现女性独立价值的"妇女节"，在营销中转变成以"女神"为名的购物节，就是典型例证。

同资本一般相比，文化资本积累存在一些特殊的困难。一是在资本循环上，文化生产资本更多表现为版权、知识产权等无形资产。而在传统资本循环条件下，缺少有形资产的抵押很难获得融资。如何完善文化金融，让文化生产资本同货币资本转换顺畅，是一大难点。二是文化资本在剩余价值的生产与实现上，也面临更大挑战，这就涉及文化生产的组织结构问题，也就是下文将要展开分析的文化企业。

3. 文化企业

文化企业是文化生产的主体，也是文化经济的细胞。文化企业与物质产品企业的差别，要求文化经济学必须构建自己的企业理论。

文化企业的特殊性首先表现在市场需求与生产特征上。一是文化市场具有很强的不确定性。文化商品消费是为了满足人们的精神需要，但精神需要是易变的，与普通商品相比很难作出准确的市场判断。而受到流行因素的影响，文化商品消费的集中度更高。例如，每年上映的电影与出版的音乐专辑不胜枚举，但少数的电影和音乐专辑获取了绝大多数的市场份额，存在极化现象。二是文化生产具有高初始成本、低复制成本的特征。一部电影和一首歌曲，其母带创作和制作成本高昂，但复制成本相对较低。随着数字技术和互联网技术的发展，文化商品的复制成本进一步下降。三是低自然资源投入，高智力和创意投入。文化商品的物质载体部分需要自然资源投入，但作为其灵魂，也就是高溢价的社会意义部分则来源于智力和创意投入，这一比重相较于物质产品也更高。

正是由于市场需求和生产特征的差异，与物质产品企业福特式规模生产或丰田式精益生产不同，文化企业的组织结构有其自身的特征。一是在生产投入上，对人力资本的投入远高于货币资本。一方面，艺术家、创意者的劳动构成文化商品中文化价值的源泉，而文化价值相较于其物质载体是文化商品中溢价最高的部分。另一方面，在高度不确定的市场环境下，通过"造星"（名演员、名作家、名导演）相对稳定地获取市场"流量"，可以显著降低市场风险。二是在组织方式上，平衡商业管理和创意生产。物质产品企业通常采用科层式管理和流水线生产的方式提高劳动效率。这种组织方式适用于简单重复劳动，但与艺术创作规律不相符。文化企业对于艺术家、创意生产者的管理更加宽松，赋予创作选题和劳动时间的自主性；但是对于企业的其他部门，例如市场调研、营销传播等领域，管理更加严格。三是较大的薪酬分布差异。在文化企业中，一方面，艺术家和创意工作者、产品经理、技术人员、普通工人之间的收入水平存在较大差距；另一方面，即使在艺术家和创意工作者内部，收入差距同样很大，例如，在"成名"之前，很多演员、编剧都有较长时期的"北漂"经历。

4. 文化产业

文化资本的运动构成文化产业。它是国民经济的重要组成部分，也是文化经济学研究的主战场。从单个产业来看，文化资本的运动表现为生产资本、商品资本与货币资本的循环，也就是文化商品从创意、制作、传播到消费的再生产过程。而从整个分工体系来看，文化资本在不同产业间的流动，形成了不同文化产业间的纵向与横向关系。

文化产业研究首先需要确定其构成范围。不同文化产业的运行特征差异很大，需要进行分类研究。如前文所述，文化经济是文化和经济融合的新形态，既表现为经济的文化化，也表现为文化的经济化。但如果把所有蕴涵文化属性的产业都归纳于文化产业（如餐饮、服饰、建筑、汽车等产品越来越蕴涵文化因素），涵盖范围过于广泛。我们希望集中研究文化因素占主体的产业，其共性特征更多。戴维·思罗斯比强调，文化产品和服务包含了创意、知识产权并传达了象征意义，以其占比多寡构建了文化产业的同心圆模型。大卫·赫斯蒙德夫则将文化产业界定为"与社会意义的生产最直接相关的机构"，并以此界定核心文化产业。中国国家统计局对文化及相关产业的界定是"为社会公众提供文化产品和文化相关产品的生产活动的集合"。我们将参考文化产业的上述分类，尤其关注"互联网+文化"等新的产业形态，对新闻出版、广播电视、电影、非物质文化遗产、动漫、创意等具体细分行业开展深入研究。

在划定文化产业的范围后，我们还将着重研究如下问题：

单个文化产业内部大企业与小企业的关系；文化产业之间的横向一体化和纵向一体化；文化产业与非文化产业间的前后向联系，及其对国民经济和城市发展的带动作用。而随着数字技术的进步与互联网等新媒介的发展，文化和经济的关系日益紧密，文化对各类产业的渗透程度进一步增加，物质生产活动中出现了越来越多的文化属性，文化群体多元化、细分化程度加剧，文化产品的生产与消费合二为一等新现象层出不穷，这些都构成了文化产业的新特征，也是我们研究的重要领域。

5. 文化政策

文化政策是政府对文化经济的干预和影响，也是文化经济顺利发展的重要保障。

20世纪80年代后，无论是西方发达国家还是我国，文化政策都出现重大转向：从由国家负责文化供给和传播，转向供给主体的多样化；文化产业中除原有的国有企业之外，民营企业、外资企业也开始大量进入。但文化经济的市场化转型不等于政府职能的退出。它要求的是转变政府角色，提高政府能力，更好发挥政府作用。这主要包括四个方面的内容。

一是为文化市场的发展提供制度基础。构建统一开放、竞争有序的现代文化市场体系，需要完善文化产品市场和文化要素市场，这离不开政府的制度供给，尤其是政府对版权和知识产权的保护。产权的清晰界定与保护是市场交换的前提。过去几年，中国政府在互联网领域对电影版权的保护，有力促进了网络视频市场的培育，以爱奇艺、腾讯视频、优酷为代表的视频网站迅速发展，就是一个鲜明的例子。

二是为文化产业发展与文化企业成长提供支持。一方面，文化产业发展对于国民经济增长、城市化进程以及社会文化繁荣起到正的外部作用，单纯依靠市场会导致投资不足。另一方面，文化资本的生产形态更多表现为版权、知识产权等无形资产，缺少有形资产进行抵押，使得企业成长很难获得市场融资。这些都要求政府通过设立文化产业基金和文化产业园区，提供政府担保与税收优惠，对文化产业发展和文化企业成长加以支持。

三是建立现代公共文化服务体系。物质层面的现代化与精神层面的现代化都是人的现代化的重要内容，不可偏废。而要实现精神层面的现代化，既要增加文化供给的数量和种类，也要实现文化获取和文化参与的公平性。由于民众的支付能力不同，单纯依靠市场推动文化建设，不利于文化资源的公平享有。例如，互联网的发展虽然在很大程度上提高了文化获取和文化参与的便捷性，但一些农村和山区的民众仍然缺乏上网的基本条件。这就要求政府推动公共文化设施建设，实现基本文化资源的共建共享。

四是促进文化经济发展的经济效益与社会效益统一。文化经济既是未来我国经济发展的重要引擎，也是现代条件下文化传播的主要载体。但是，文化商品中使用价值和交换价值的矛盾，以及文化资本对剩余价值和超额剩余价值的追求，都使得文化经济在市场竞争中常常出现经济效益和社会效益

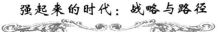

的冲突。这就要求加强政府的规范引导,对文化商品的内容设置负面清单,并构建激励兼容的文化产品评价体系。

6. 经济文化

经济文化是对物质生产具有直接调节作用的文化形态,既是人类文化的一部分,也是文化与经济相互交融的重要体现。

在人类发展的不同阶段,物质生产需要不同的经济文化相调节。例如,儒家文化对小农经济的再生产起到很好的保障作用,却不利于现代化物质生产在中国发展;在西方,新教改革则促进现代经济的兴起。物质生产领域现代化的推进方式不同,也需要不同的经济文化与之相匹配。在社会主义建设时期,我们采取苏联式的现代化推进方式。这在物质生产领域表现为"一大二公"和计划经济,在经济文化领域表现为强调集体至上、奉献精神,要求每个人都做螺丝钉。改革开放后,我们通过市场化方式推进现代化进程,这就要求经济文化的转变。

与市场经济条件相匹配的经济文化主要包括以下五个方面:(1)契约意识。市场是交换的平台,交换需要契约,契约必须得到实施。但实施不应被看作是一件理所当然的事情,在没有制度性约束的情况下,个人的机会主义行为将排斥复杂的交换,从而成为提高专业化与分工的重要障碍。因此,市场的运行首先需要有契约意识。(2)法律意识。市场交换的深度和广度受到交易费用的制约,降低交易费用需要制定并遵守市场规则，也就是法律。其最核心的就是对产权的尊重和保护。法律意识并不是强迫的，首先需要自我遵守。（3）责任意识。以企业为例，一个企业要承担的责任包括：为社会提供优良产品，不搞假冒伪劣；为政府提供税收，不偷税漏税；为社会提供就业机会，善待员工；为环保贡献力量，不破坏环境；为投资人提供业务回报。（4）创新意识。创新是经济发展的根本动力，也是企业利润的根本来源。具体而言，创新可以划分为三个层次，一是创意，二是商业模式创新，三是技术创新。（5）风险意识。市场具有不确定性，因此风险意识也是经济文化的重要内容。企业家既要敢于冒险，又要合理降低风险。

全方位开放与全球化:中国开放的新阶段[①]

多边主义与全球化是人类社会发展的必然趋势,人类命运共同体是当今人类社会发展的基础。中国要顺应历史发展的必然趋势,坚持多边主义与全球化并据此而提出全方位开放的战略,这对于中国经济发展及世界经济发展都具有极其重要的意义。

一、理论与历史

我国从闭关锁国的封闭式经济转向开放型经济,是从扩大出口与吸引外资而开始的。这种开放的特征是搭别人便车:扩大出口是利用国际市场,吸引外资是利用国际资本,因而这种开放实际上是一种单向性开放,即搭别人便车的开放。

---

① 汪浩参与了本文的起草。

我国当时选择这种开放战略，是有其必然性的。一方面，当时中国还很穷，人们没有富起来，没有国内市场，不得不利用国际市场，而且中国当时具有强大的成本优势，可以有效利用国际市场；另一方面，中国当时是资本短缺国，缺乏经济发展所需要的巨大资本，资本短缺阻滞了中国的发展，因而不得不吸引国际资本，甚至不惜给国际资本各种优惠，实行对外资的优惠政策。

但是经过几十年的改革开放，中国人民已经富起来了，情况发生了根本性变化：一是中国有了巨大的国内市场，富起来的十三亿中国人创造了世界上任何国家都无法比拟的巨大市场；二是富起来的中国已经形成了巨大的过剩资本，有着巨大的可以用于对外投资的资本。因此，中国已经有条件走向全方位开放，即既搭别人便车，也让别人搭我们的便车；不仅强调出口，还要强调进口；不仅强调吸引外资，还要推动中国资本走出去。

中国目前宣布降低国外产品的市场准入条件、降低外来产品关税，在中国上海建立进口贸易博览会与开放中国金融服务业，就是开放市场的重大举措；中国强调与推动"一带一路"，就是推动中国资本走出去的重大举措。中国对外开放实际上已进入到一个新的阶段，即全方位开放的阶段。

讨论中国的全方位开放，不能不讨论全球化的问题。因为中国全方位开放是全球化的重要组成部分与重要推动力。

全球化是人类社会发展的必然趋势，也是人类社会的内在向往与追求。古代因为航海技术及航空技术的不发达，人类社会虽然还难以形成可称之为全球化的经济往来与文化交流，但人类社会还是在艰难地寻找经济交往与文化交流的路径与方式，中国古丝绸之路就是一个典型案例。航海技术及航空技术的发展为人类社会的全球化带来了坚实的物质基础。人类社会开启了全球化路径。

全球化从其特征与内涵来划分，到目前为止，可以分为两次。

第一次全球化是从 1750 年到 1950 年。全球化的主导方是欧洲列强，其特征是殖民，以殖民地方式推动了全球化，例如亚洲国家几乎都被欧洲列强在不同程度上殖民过。殖民的背后就是暴力与战争，结果是先后引发了两次世界大战。第二次世界大战的结束，就标志着这种以殖民方式为特征的全球化的结束。

第二次全球化从 1950 年开始至今。因为美国是第二次世界大战的主要战胜国，因而实际上是美国启动了人类社会的第二次全球化。这次全球化的主要特征是国际贸易，以贸易方式推动了全球化，像国际贸易组织、世界银行等国际贸易类国际组织都产生于这个时期。

以国际贸易为特征的全球化有效推进了世界的进步与发展。中国是 1978 年才进行改革开放的，因而中国实际上是在这次全球化的后半场加入这次全球化的，全球化有力推进了中国的发展，例如 1997 年，中国 GDP 仅仅有 7 万多亿元人民币，而 2017 年年底达到 82 万亿元之多，翻了十余倍；1997 年中国外汇储备只有 1300 多亿美元，而现在达到 3 万亿美元之上，翻了近 20 倍；1997 年中国人均月收入只有 600 元左右，而现在达到 3000 元之多；1997 年中国的基础设施相当落后，连高速公路都没有几条，而现在中国基础设施可以说引领世界，甚至超越发达国家。

但是我们不能不注意到，这种以国际贸易为特征的全球化，实际上也存在着某些先天性的不足，甚至它的一些后果也引起了一些国家及社会群体对全球化的反对。甚至连发达国家之间都对这种以贸易为特征的全球化出现了意见分歧，就是一个最好的例证。

为什么有些国家及社会群体反对这种以国际贸易为特征的全球化？因为以国际贸易为特征的全球化，要使所有国家都只有收益而无利益受损，就必须要保证各自的贸易平衡，而这实际上这几乎是不可能的。因而各国之间贸易不平衡所引发的问题，导致了一些国家及群体的利益受损，全球化遭到了一些国家及群体的反对。就像中美这两个处于不同历史发展阶段的大国，也无法摆脱它们之间的严重的贸易赤字。当然，中美之间的美国贸易赤字的形成，原因并不在中方，而是因为美国自 20 世纪 90 年代后逐渐转向以信息技术为特征的高新技术产业及以飞机为特征的现代制造业，强调发展创意性产业，逐步退出了一般性制造业，但美国市场有着巨大一般性制造业产品的需求，这实际上涉及美国的民生，因而中国一般性制造业产品进入美国市场，满足了美国人民的生活需求，但是这种贸易不平衡确实使美国出现了贸易赤字，赤字的背后当然是就业机会及税收的流失。

261

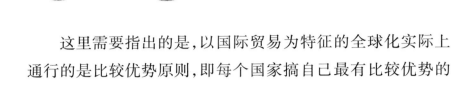

这里需要指出的是,以国际贸易为特征的全球化实际上通行的是比较优势原则,即每个国家搞自己最有比较优势的产品或产业,然后在交易中共同获得比较利益,但这个原则对大国似乎不可能,因为任何大国的最基本需要无法靠国际力量来满足,因而必然要坚持全产业链原则,这就难免导致贸易战。

中美之间的贸易问题现在成了中美关系的焦点,甚至有些极端人士鼓动美国要与中国打贸易战。但是,问题产生的原因既不在中方,也不在全球化本身,而是这种以国际贸易为特征的全球化似乎走到了终点,其自身的天然性不足使得其要被一种新型全球化所代替,人类社会将形成第三次全球化。

第三次全球化的特征是全球配置资源。也就是说,资本、劳动、资源、技术、市场等生产要素在全球的配置。全球化将不再主要表现为国际贸易,而是表现为生产要素在全球的配置,甚至连某个微小的产品的形成都是许多国家共同努力的结果,国家之间以供应链方式联系在了一起。

以全球配置资源为特征的全球化,使得世界各国在就业、税收、资本收益等方面实现了利益共享。例如,汽车玻璃的生产在中国有比较优势,但如果一直在中国生产而出口到美国,那么美国就没有了因为此项生产而产生的就业机会与税收,而中国既有就业机会和税收,还有资本收益,因而美国将会对中国实行很高的关税,非常不利于全球化。但如果中国企业投资到美国,那么美国就有了税收及就业机会,而中国获得资本收益,这是一种"双赢"。因此,推动以全球配置资源特征的全球化,是有利于利益共享的。当然,这要求所有国家应该开放市场及投资领域。美国目前限制中国资本进入实际上是不利于利益共享的。

以全球配置资源为特征的全球化,其核心内容是基础设施互联互通、塑造与维护供应链,不再是关税壁垒、贸易保护之类的过时做法。中国提出全面开放市场与"一带一路"倡议,是对以全球配置资源为特征的全球化的最好贡献。

在全球配置资源的条件下,几乎所有国家融入到世界利益链条之中,命运共同体成为世界的新特征。在命运共同体条件下,所有国家都只能采取开放包容的应对机制,任何以我独大,以自身利益损害别国利益的行为,都会遭到其他国家的抵制与反对。命运共同体导致世界各国利益相连,共享经济成为一种趋势。任何国家只有抛弃传统的旧观念,以积极的态度迎接这种新的全球化,才能发展本国经济并获得丰厚的利益。中国致力于全方位开放,一方面向发展中国家输入基础设施、资本与技术,并使得发展中国家的自然资源得以实现利益最大化,产生巨大的就业机会,国家有了税收;另一方面中国的巨大规模生产能力及市场,使得发达国家的创意经济及各种创新有了落地与实现的机会,中国实际成为新的全球化的"枢纽",是共享经济的重要推动力量。因此,在新的全球化过程中,中国将扮演重要角色,中国实际上已经进入到世界舞台中央,中国成为世界经济发展的重要力量。

美国从单边主义出发,反全球化,迫使中国与其打贸易战。中国一再宣布,中国不愿意同美国打贸易战,但如果美国

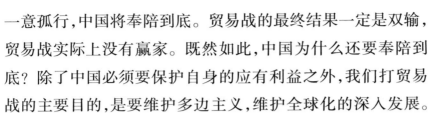

一意孤行，中国将奉陪到底。贸易战的最终结果一定是双输，贸易战实际上没有赢家。既然如此，中国为什么还要奉陪到底？除了中国必须要保护自身的应有利益之外，我们打贸易战的主要目的，是要维护多边主义，维护全球化的深入发展。全球化的深入发展，是人类社会通向繁荣之路，是构建人类命运共体的载体与基石。

为了推动全球化的深入发展，中国必将走向全方位开放。什么是全方位开放？我们过去在强调开放时，经常讲到两句话：一个是扩大出口，另一个是吸引外资。这种开放实际上是搭别人便车的开放：扩大出口是利用国际市场，吸引外资是利用国际资本，实际上都是搭别人便车。这种开放战略的选择在当时是对的：因为我国当时穷，没有国内市场，不得不利用国际市场；同时，缺乏资本，不得不利用外资。但是经过几十年的奋斗之后，我们已经有了巨大的国内市场，有了巨大的过剩资本，我们可以走向也让别人搭我们便车的时代了，也就是说可以走向全方位开放的时代了：既强调搭别人的便车，也强调别人搭我们的便车。这实际上是一种双向开放。

二、双向型的对外开放战略

我国的双向型对外开放战略主要表现在两个方面：一个是在贸易方面，我国将从以往的出口导向转向坚持进口与出口并重；另一个是在投资方面，我国将从引进外资为主转向坚持对外投资与引进外资并重,这两个方面构成了我国双向型对外开放战略的主要内容,使我国在对外开放过程中既利用国际市场和国际资本,也利用国内市场和国内资本,促进生产要素的有效配置和产品、服务的良性流动,从而带动社会经济的快速发展。

1. 贸易方面:坚持进口与出口并重

2014 年 9 月底,国务院常务会议确定加强进口的政策措施,实施积极的进口促进战略,加强技术、产品和服务的进口,扩大国内有效供给,满足人们生产和生活的需求。同年 11 月,国务院办公厅发布《国务院办公厅关于加强进口的若干意见》,进一步落实加强进口的政策措施,包括鼓励先进技术设备和关键零部件进口、稳定资源性产品进口、合理增加一般消费品进口、大力发展服务贸易进口、进一步优化进口环节管理、进一步提高进口贸易便利化水平、大力发展进口促进平台以及积极参与多双边合作八个方面的内容,以市场为导向,着力发挥进口对于创新创业和产业结构优化升级的推动作用。据国家外汇管理局统计数据显示,2015 年我国国际收支口径的国际货物和服务贸易支出 20048 亿美元,同比下降 8.53%,其中货物贸易支出 15684 亿美元,同比下降 13.29%,服务贸易支出 4364 亿美元,同比上升 13.94%,2016 年和 2017 年,我国进口的整体形势有所恶化,这主要是因为国内经济增长速度放缓以及国际大宗商品价格波动,但是我国的进口结构有所改善,技术和服务进口所占比重提升,这是进口促进政策导向的作用，所以为进一步加强进口和改善进口结构，必须坚持和完善进口促进战略。

坚持和完善进口促进战略具有重要的意义。首先，更多高质量的产品和服务涌入国内可以增加人们的选择多样性，并且享受到具有更高使用价值的商品，这将提高我国消费者的福利水平；其次，我国经济的发展对资源的需求越来越大，我国已经成为世界上最大的能源消费国，但是在诸如石油、铁、铜、铝、钾盐等诸多领域自给严重不足，对外依存度处于高位，所以加强进口可以增加资源储备；再次，产品和服务的进口具有技术溢出效应，尤其是那些高新技术类产品和技能性的服务，我国企业可以通过使用、合作、雇佣等方式进行学习和创造，从而提升自己的技术水平和生产效率；另外，通过进口，对国外先进的技术、商业模式和管理经验等的学习也有利于创新创业的发展，激发全社会创新创业活力，提高全要素生产率，促进经济增长方式由要素和投资驱动型向创新驱动型转变；最后，产品和服务的进口将会加剧国内市场竞争，从而迫使国内企业改善经营或转型，这有助于产业结构优化升级，促进经济结构调整，推动经济在更高质量的水平上继续发展。

坚持和完善进口促进战略对我国消费者、企业甚至宏观经济都影响深远，那么该如何加强进口和改善进口结构呢，针对于此，我们认为应该做到以下几点：第一，启动国内消费需求，包括居民的个人消费需求和公共消费需求，重点在于提高居民的可支配收入和改革财政体制；第二，积极参与多双边贸易合作，减少贸易壁垒，适度降低进口关税，尤其是那些技术溢出效应明显的产品和服务,甚至可以免税或进行补贴;第三,搭建更为便利的贸易平台,畅通进口渠道,降低进口的交易成本,比如建设更多的保税区、自由贸易区、提高海关运行效率、建设国际化的电子商务平台等,通过这些措施,我国的进口在新时代将会获得进一步发展。

新时代,我国实施积极的进口促进战略,但这并不意味着对出口的忽视或者出口变得次要,我国依旧是发展中国家,2014年人均国民总收入达到7400美元,属于中等偏高收入国家行列,但是与发达国家相比还有很大差距,并且有落入"中等收入陷阱"的风险。另外,当前由于人口红利、土地红利逐步消失以及经济结构调整,经济下行的压力很大,我国还需要依靠出口来拉动经济增长,也就是说我们在强调进口的同时,必须继续扩大出口,坚持进口与出口并重。我国在下一阶段的出口要注意以下几个方面的问题:第一,要积极开拓出口市场,当前世界经济形势不容乐观,整体增速放缓,下行风险很大,这对我国的出口势必产生不利影响,在这种情况下,必须积极主动地开拓海外市场,以寻求更多的出口需求,国家要尽力发展多双边贸易合作关系,减少贸易壁垒,企业要积极调研国外市场需求,寻求产品和服务的对外出口。第二,要提高出口产品技术含量,增加出口产品的附加值,我国长期以来凭借劳动力成本优势和资源优势,主要出口劳动密集型和资源密集型产品,这类产品的附加值很低,从而使我国在国际分工和国际贸易中处于劣势,以后要注重设计与营销环节,增强自主创新能力,从出口产品中获得更多附加值。第三,要优化

出口结构,主要是做到"五个提高",分别是提高服务在出口贸易中所占的比重、提高高新技术产品在出口产品中所占的比重、提高中西部地区在出口区域中所占的比重、提高新兴市场国家在出口目标市场中所占的比重以及提高民营企业在出口经营主体中所占的比重,逐步实现我国对外贸易的结构优化和转型升级。

2. 投资方面:坚持对外投资与引进外资并重

2015 年我国非金融类对外直接投资达到 1180.2 亿美元,同比增长 14.7%,对外投资再创历史新高。截至 2017 年,我国对外直接投资已经实现了连续 15 年的增长,年均增长率高达 33.6%,2012 年我国就已经成为世界第三大对外投资国,仅次于美国和日本。与此同时,2015 年我国实际利用外资 1262.7 亿美元,同比增长 6.4%,与非金融类对外直接投资的差距进一步缩小,预计 2018 年我国非金融类对外直接投资将超过实际利用外资额度,从而我国将成为资本净输出国,并且在此之后,对外投资将逐渐拉开与引进外资的差距。也就是说,新时代是我国对外投资实现快速发展和全面反超的时期。国家也越来越重视我国对外投资的发展,采取了一系列措施促进企业对外投资,包括:取消或简化对外投资事项的审批程序,98%的对外投资事项不再需要审批,只需要备案;发起成立丝路基金和亚洲基础设施投资银行进行对外投资;实施"一带一路"倡议,积极发展与"一带一路"沿线国家的投资关系;等等,这些措施将会促进我国对外投资在新时代获得快速发展。

国家之所以要重视对外投资，是因为对外投资对我国的经济发展具有重要意义，主要表现在以下几个方面：第一，我国的对外投资具有逆向技术溢出效应，也就是从东道国经由跨国公司最终传导至投资者母国的技术溢出效应，这是因为我国企业在对外投资过程中可以通过学习其他国家的技术或管理经验、雇佣其他国家的人才、租赁或购买其他国家的技术专利等来提高自身的生产效率和管理水平，并将这些传导至我国国内，从而促进国内全要素生产率的提高。第二，我国产能过剩性行业的对外投资将会为相关企业寻求更大的市场，避免企业破产倒闭，并且释放积聚在这些行业中的过剩劳动力和资本，使其流动到配置效率更高的领域，从而实现资源的优化配置。第三，企业对外投资一般是将产业链的某一环节转移到国外，而产业链的其他环节可能来自国内，这样对国内进行上下游生产的企业或部门就形成了更大的需求，从而增加就业和投资。第四，随着资本和劳动力的国际流动越来越大，国民生产总值比国内生产总值更能反映一国的经济实力，而我国企业和居民在国外所获得的收入都将计入国民生产总值之内，所以对外投资也有助于我国经济实力的增强。第五，我国在进行对外投资的同时，不断推进人民币国际化，已经建立了多个跨境贸易人民币结算试点和人民币离岸交易中心，很多国家为了吸引我国的投资，也会主动增加人民币使用的数量、安全性和便利性，人民币的影响力将进一步扩大。可以看出，对外投资对我国的经济增长、社会发展和国际地位等都具有重要的作用，因此新时代要充分重视对外投资，采取措施促进对外投资的稳步发展。

在新时代，我国促进对外投资的主要举措是"一带一路"建设，"一带一路"是指"丝绸之路经济带"和"21世纪海上丝绸之路"，由中国国家主席习近平分别在2013年9月和10月访问中亚和东南亚期间提出，之后经过逐步发展和完善，于2013年11月写入党的十八届三中全会《中共中央关于全面深化改革若干重大问题的决定》，正式上升为国家战略。"一带一路"是要加强亚、欧、非的经济联系，"丝绸之路经济带"的路线设计包括三条：一是从中国经由中亚、俄罗斯至欧洲波罗的海地区；二是从中国经中亚、西亚至波斯湾和地中海地区；三是从中国经东南亚或南亚至印度洋。"21世纪海上丝绸之路"的路线设计包括两条：一是从中国沿海港口经南海、印度洋至非洲、欧洲；二是从中国沿海港口经南海到南太平洋。"一带"既是指连接中国东部、中西部、中亚或南亚，最终到达欧洲的大通道，也是指经济产业带和城市群体带，它将成为我国制造业对外投资的聚集地，因为中亚和南亚地区对我国传统制造业的需求非常旺盛，对这些地区的投资主要采取工业园区的形式，比如目前已经建立的乌兹别克斯坦鹏盛工业园、塔吉克斯坦中塔工业园、泰国泰中罗勇工业园等，未来还会有更多的工业园区成立，促进"一带"沿线地区的工业化和城市化建设，从而逐步形成产业带和城市带，"一带"的核心区是新疆，可以考虑在新疆设领事馆，方便对中亚和东欧地区的贸易与投资。"一路"沿线的造港造城对建筑业和房地产业的对外投资意义很大，当然在东南亚、非洲等地区对基础设施和制造业的需求也较大，对这些国家或地区的投资将会给当地创造大量的工作岗位，同时也有利于中国劳动力的输出，推动我国海上航线和战略支点的建设，"一路"的核心区是福建，其与台湾隔海相望，相距较近，有助于未来加强与台湾的经贸往来。我国还发起成立了丝路基金和亚洲基础设施投资银行来支持对"一带一路"沿线的投资，"一带一路"建设将成为新时代我国对外投资的"助推器"。

在新时代，我国的对外投资将对经济发展产生巨大的拉动作用，对外投资规模将超过引进外资的规模，从而我国成为资本净输出国，但这并不意味着我们将片面地强调对外投资，而降低引进外资的力度，引进外资在我国当前仍然具有重要意义，尤其是对于引进先进技术、管理经验以及增加税收等方面具有重要作用，必须坚持引进外资与对外投资并重。我国目前在战略性新兴产业、现代服务业和现代制造业等领域投资需求很大，这些领域发展前景广阔，有潜力在未来成为支柱性产业，但是国内资本可能考虑到风险、技术或管理经验等因素，投资仍旧不够充足，在这些领域引进外资就显得尤为必要，比如我国鼓励外商投资高端装备制造、生产性服务业等行业，可以预见，未来外商投资将更多地集中在高新技术产业和服务业领域，这将有助于提高我国的全要素生产率、增加就业和税收以及促进产业结构的优化升级。新时代，引进外资方面也要注意一些问题，比如不能再实行"超国民待遇"，保证国内企业与其在市场中公平竞争，尤其注意地方政府不要为

了招商引资,私自设立一系列优惠条款,扰乱市场秩序。另外,对引进外资也要进行产业政策引导,对具有很强正外部性的企业或行业可以进行适当补贴,限制产能过剩性行业或高污染、高消耗行业的投资,促进资本流向高新技术产业和现代服务业等高效率的行业,真正发挥外商投资在产业升级和经济发展中的作用。

综合以上来看,在新时代我国将把进口和对外投资置于重要地位,同时继续扩大出口和利用外资的规模,也就是在贸易方面坚持进口与出口并重,在投资方面坚持对外投资与引进外资并重,实现单向型对外开放战略向双向型对外开放战略的转变,真正做到利用国内、国际两个市场和国内、国际两种资本,以实现新时代的中高速增长目标。

三、全方位开放与自由化

改革开放以来,我国经历了由计划经济向政府主导型经济,再向市场经济的转型,当前处于不断完善社会主义市场经济体制的阶段,可以看出,自由化是经济发展的基本方向,也是建设现代市场经济的主导方向,自由化主要是指政府不断将权力下放给社会、市场和企业,充分发挥市场的微观主体在资源配置中的主动性、积极性和创造性。我国的对外开放体制作为经济体制的一部分也不例外,经历了不断自由化的过程,但是在对外开放的初期,限于经济发展水平和抵抗风险能力，自由化的程度较低，并且进展缓慢，对很多领域实行严格的政府管制，比如外汇市场、资本市场以及很多其他贸易投资行为等，这些管制曾经让中国在参与全球化的过程中避免了很多不利的影响，并被约瑟夫·斯蒂格利茨称为"成功的开放战略"，但是在新时代，随着我国更加快速和深入地融入世界经济，对对外开放中自由化的要求也更加迫切。此外，我国对对外开放的风险控制能力也在增强，所以对外开放体制的自由化将会明显加速，也就是说我国将实行自由化的对外开放战略。在新时代，自由化的对外开放战略包括两方面内容：一个是外汇市场的自由化，另一个是贸易投资的自由化，这两方面的改革将实现对外开放过程中货币领域和实体领域的共同进步，从而实现资源在国际间的优化配置。

1. 外汇市场自由化

长期以来，我国的外汇交易基本上由央行控制，主要表现在央行垄断了外汇储备以及决定基准汇率的波动，其对外汇买卖和汇率的干预很大。在改革开放之前，我国一直实行的是单一汇率制，在计划经济体制下，对外汇买卖和汇率波动实行了非常严格的控制，党的十一届三中全会之后，由单一汇率制转变为双重汇率制，包括了官方汇率与贸易外汇内部结算价并存（1981—1984 年）和官方汇率与外汇调剂价格并存（1985—1993 年）两个阶段，这两个阶段被合称为"汇率双轨期"，但是大量的外汇在外汇调剂市场进行交易，导致央行的外汇储备急剧下降，所以从 1994 年开始，国家进行了汇率"并

轨"的改革,开始实行以市场供求为基础的、单一的、有管理的浮动汇率制,建立了统一的银行间外汇市场,并且确定了强制结售汇制度。2005 年的"721 汇改"宣布我国开始实行以市场供求为基础、参考"一篮子"货币进行调节、有管理的浮动汇率制度,并且根据主动性、可控性和渐进性的原则来改革人民币汇率形成机制,在此之后,人民币汇率持续面临着升值的压力,但是为了出口的增加和外汇储备的保值,央行不断干预外汇市场价格。而随着我国外汇储备的增加和全球化的深入,这种对外汇买卖和汇率的限制已经越来越不能适应经济发展的需要,外汇体制改革势在必行。

我国外汇体制改革的方向就是由政府管制的外汇体制转向自由化的外汇体制,包括外汇买卖的自由化和汇率决定的自由化。从外汇买卖方面来说,2008 年修订后的《外汇管理条例》规定经常项目外汇收入可以自行保留或卖给经营结售汇业务的金融机构,2009 年涉及强制结售汇的文件和法规被取消或修订,2011 年起企业出口收入可以存放国外,无须调回国内,所以我国企业和个人外汇买卖的自由度得到极大提高。但是,目前个人仍然有每年 5 万美元的购汇限制,针对于此,2015 年国务院批复合格境内个人投资者计划(QDII2),首批试点包括上海、天津、重庆、武汉、深圳和温州六个城市,允许符合条件的个人投资者进行海外金融类和不动产投资,这就突破了个人每年 5 万美元购汇限制的局限,未来试点将会进一步扩大,条件可能进一步降低,这也标志着人民币在资本项目下的可自由兑换迈出重要一步。在新时代,我国外汇买卖将会朝着意愿结售汇、意愿持有外汇和人民币在资本项目下可自由兑换的方向持续迈进。从汇率决定方面来说，2015年的"811汇改"进一步完善了人民币兑美元的中间价报价，做市商在每日银行间外汇市场开盘之前，可以综合考虑上一日收盘汇率、外汇市场供求情况和国际主要货币汇率变化来确定中间价报价，这增强了人民币兑美元汇率中间价的市场化程度和基准性，是我国汇率决定市场化的重要标志，但是由于我国目前经济下行压力较大，一些国际游资恶意做空人民币，为了防止国际投机者的恶意做空和维持汇率稳定，央行还会采取措施管理外汇市场，以维持汇率在合理的区间内波动，这是有管理的浮动汇率制度的基本特征，在新时代，我国汇率决定的总体方向将是更为市场化和自由化，但是政府的适度干预仍将是必要的。从我国的外汇买卖和汇率决定可以看出，在下一阶段我国的外汇市场将会更加自由化。

2. 贸易投资自由化

出于国内产业发展和国家经济安全的考虑，我国在对外开放初期设置了很多的限制条件，比如较高的进口关税、严格的投资审批程序、限制外资涉足国内金融市场等，随着经济全球化的加速和我国对外开放的深化，这些限制逐渐成为我国对外开放进一步扩大升级的阻碍，必须通过适当的改革加以调整，以实现贸易和投资的自由化。在新时代，我国对外开放过程中贸易和投资的自由化是趋势，我们要遵循经济发展的规律，顺应这种趋势，以积极主动的态度促进国际经济更为密切和深入的合作。贸易投资自由化包括两个方面的内容：一是国际贸易的自由化；二是国际投资的自由化。

国际贸易自由化是指在国际贸易活动中逐渐减少或取消贸易壁垒，实现产品和服务在国家间更加顺畅的流动，这有利于在国际贸易中降低交易成本、减少市场扭曲以及实现消费者福利最大化。促进国际贸易自由化的主要方式有多双边贸易协定、自由贸易区、关税同盟、共同市场和经济联盟等，其中多双边贸易协定是指两国或多个国家签订的针对某些或全部产品和服务的贸易优惠政策协议，包含一些临时性或特殊性的安排；自由贸易区指在成员国之间取消关税、商品可以自由流动但各自保留自己的对外贸易政策的经济集团；关税同盟指成员国之间商品自由流动并且各国实行统一的对外关税政策的经济利益集团；共同市场则不仅要求成员国之间商品自由流动，也要求劳动力、资本等生产要素的自由流动；经济联盟是在要求商品、劳动力、资本等自由流动的基础上，还要求各成员国的经济政策相互协调的一体化组织。我国目前推动国际贸易自由化的主要形式是多双边贸易协定和自由贸易区，截至 2015 年年底，我国已签署 14 个自由贸易协定，包括与东盟、新加坡、韩国、澳大利亚以及中国港澳台等国家或地区的协议，此外，我国积极参与建设中国—东盟自由贸易区、东北亚自由贸易区和亚太自由贸易区等，支持区域全面经济伙伴关系（RCEP）的建立，它将与美国主导的跨太平洋伙伴关系协定（TPP）以及跨大西洋贸易与投资伙伴协议（TTIP）一起构成未来世界上三个最大的自由贸易区，极大地促进我国与其他国家贸易的自由化。

国际投资自由化是指外国资本在我国投资以及我国资本在外国投资的限制逐渐减少，包括国际直接投资的自由化和国际间接投资的自由化，其中前者是指相互之间设厂、兼并、收购和购买固定资产等的限制减少，后者是指相互之间投资股票、债券和衍生工具等的限制减少。我国由于资本项目并没有开放，所以在国际投资自由化，尤其是国际间接投资自由化方面进展缓慢，但是近年仍有发展。比如2014年11月，我国酝酿已久的"沪港通"正式启动，资本市场互联互通机制进入新阶段，同月推出人民币合格境内机构投资者计划（RQDII），允许符合条件的机构投资境外金融市场以人民币计价的产品，2015年提出的合格境内个人投资者计划（QDII2）也是对个人投资境外资本市场限制的放宽。可以看出，资本项目有逐步放开的趋势，当然，我国也实行了一系列措施促进国际直接投资的自由化，包括简化在境外投资办厂的审批流程、加强对企业"走出去"的金融信贷支持力度以及搭建各种对外投资的公共服务平台等。在新时代，国际投资领域的"简政放权"和人民币资本项目开放将是国际投资自由化的主要内容，这将是一个渐进性的、任重道远的过程。

综合以上分析，在新时代我国将逐步改革对外开放体制，改革的主要方向就是自由化，一方面是外汇市场的自由化，包括外汇买卖和汇率决定的自由化；另一方面是贸易投资的自由化，包括国际贸易和国际投资的自由化，通过这些改革，我国将形成"十三五"规划建议中所提的"对外开放新体制"，开

创合作共赢、包容发展的对外开放新局面。

四、推动我国对外开放扩大升级的政策建议

在当前新的历史时期，我国经济增长的速度将由高速转为中高速，经济结构优化升级面临挑战，经济发展的动力由要素和投资驱动向创新驱动的转型尚不充分，整体经济面临很大的下行压力，在这种情况下，坚持和深化改革开放就显得尤为关键，而其中重要的一方面就是推动我国对外开放的扩大升级，因而如何推动对外开放的扩大升级已经成为当前我国经济发展面临的主要问题之一。根据以上分析可知，在新时代，我国在对外开放进程中要坚持双向型和自由化的对外开放战略，这是下一阶段对外开放发展的大致方向和整体趋势，除此之外，还必须采取一些具体的措施来补充和保障，以促进对外开放扩大升级的顺利实现，具体来说：

第一，以国内改革促对外开放。改革和开放是我国经济发展的两把"利剑"，二者相互作用、相辅相成，改革可以为开放提供良好的制度环境，形成与国际接轨的市场经济规则体系，并且通过改革促进生产力的发展，从而可以为对外开放提供物质基础；反过来开放也可以拉动经济增长，从而为改革提供经济支撑，并且对外开放有时具有倒逼改革的功能，所以改革与开放是一种相互促进的关系，我们可以用国内改革来促进对外开放的发展。我国当前需要进行的改革包括：（1）政府体制改革,其核心是"简政放权",政府将向社会、市场和企业放权,从而专职履行保障民生、提供服务、公共管理和保证公平竞争环境的职能,企业在注册成立、经营管理、投资并购等方面会享受更大的自由权;(2)金融体制改革,包括利率市场化、汇率市场化、人民币在资本项目下的可自由兑换、银行自由化、放开非银行金融以及资本市场改革等,逐步实现金融自由化;(3)调整基本经济制度,民营经济要获得与公有经济一样完整、平等的地位,包括政治、法律、资源配置、投资机会和市场竞争上的平等,注重保护产权;(4)国有企业改革,主要是对国有资产进行分类管理,改革目前的管理体制,并且实行混合经济模式;等等。这些改革可以激发国内市场和企业的活力与创造力,让对外开放在行政手续、金融支持、产权保护等方面更加便利和完善,对对外开放的规模和结构都有积极意义。

第二,大力推进人民币国际化。人民币国际化对我国是一件有利有弊的事情。其好处主要是:可以获得国际铸币税收入;通过向外传导缓解货币发行的通货膨胀效应;人民币的大量使用有利于我国国际贸易和投资的发展;缓解外汇储备的压力,降低汇率波动带来的风险;提高我国的国际地位和对世界经济的影响力等。其坏处主要是:我国的货币政策将部分地失去独立性,其对宏观经济的调控会由于向国际传导变得更为复杂;经济和金融风险增加,外国的经济危机和金融危机会通过人民币更容易地影响到中国,并且受国际投机者攻击的风险也增加;对人民币管理和检测的难度将会增加,尤其是境外流通的人民币难以控制等，但是总的来说，人民币国际化的利大于弊，这也是我们持续推进人民币国际化的原因。由中国人民大学国际货币研究所发布的《人民币国际化报告2015》显示，截至2014年年底人民币国际化指数（RII）达到2.47%，同期美元、欧元、英镑和日元的份额都有所下降，人民币有望在两年之内超越日元成为第四大国际货币。2015年12月1日，国际货币基金组织正式宣布，从2016年10月1日开始人民币将被纳入特别提款权（SDR）的篮子中，这意味着人民币作为储备货币的地位逐渐得到认可，人民币国际化向前进一步。人民币将越来越多地被用于国际贸易和投资的计价和结算，以及作为投资工具和储备工具，这将极大地便利我国与外面的经济联系，促进我国对外开放的发展。

第三，高度重视区域经济合作。区域经济合作在当今世界经济中起到越来越重要的作用，甚至有超越全球经济合作的趋势，这主要是因为以世界银行、国际货币基金组织和世界贸易组织为代表的全球经济合作体制的弊端逐渐暴露。一方面，全球经济合作体制建立在全球大部分国家的基础上，国家之间在经济、政治、文化等方面的差别很大，想要协调起来十分困难，所以在很多问题上达成一致协议的成本非常高，有时甚至始终达不成一致意见；另一方面，以世界三大经济组织为代表的全球经济合作体制是在力量极不均衡的情况下建立的，以美国为首的发达国家在其中掌握了很大的话语权，从而很大程度上掌控着"游戏规则"的制定，这不能反映很多发展中国家尤其是新兴市场国家的需求，但是区域经济合作则能很好地克服这些弊端，它往往是建立在地理位置上比较邻近的国家之间，相互之间在经济、制度、文化等方面具有更大的相似性，从而彼此的认同感更高，需求更为一致，再加上国家数量不多，更容易达成一致意见；另外，这些国家之间往往较为平等，每个国家都有机会参与规则制定，话语权不会特别悬殊，所以各成员国的积极性更高，区域经济合作将成为未来一段时间内全球化的主要形式。我国也要顺应这种趋势，高度重视区域经济合作，从现实来说，主要是大力推进"一带一路"倡议的实施，与周边国家发展更多的区域合作关系，包括建设好目前已有的中国—东盟自由贸易区、东北亚自由贸易区等，以及推进中国—中亚自由贸易区、中国—南盟自由贸易区、区域全面经济伙伴关系（RCEP）等的形成和建设，除此之外，还可以向关税同盟、共同市场等更为开放的形态发展，从而搭建更完善的区域经济合作框架。

第四，积极参与全球经济治理。参与全球经济治理是我国对外开放过程中维护自身利益的需求，也是不可推卸的责任与义务，其目的就是建立公平、合理、有序的国际经济秩序，实现世界经济的可持续发展。我国参与全球经济治理主要应该做到：（1）积极倡导全球经济合作和协商会议的举行，寻找各国的利益共同点，寻求更多的合作基础，改革与完善当前的国际经济规则体系，形成公平、共赢的新规则，尤其是参与网络、空天、深海等新领域规则的制定；（2）扩大对外经济援助，支持欠发达国家的经济建设，包括基础设施、教育科技、医疗卫生、企业管理咨询等，促进世界经济的均衡发展；（3）推动全球气候协议谈判，主动承担起自身的责任，兑现节能减排的承诺，同时监督与协助其他国家的资源与环境保护进程，努力实现全球经济的可持续发展；等等。我国积极参与全球经济治理，一方面有利于形成公正合理、合作共赢的国际经济新秩序，作为最大的发展中国家，我国在国际社会的发言更能代表发展中国家的需求，也更能以自身的影响力维护发展中国家的利益；另一方面有利于进一步扩大我国在国际社会的影响力和公信力，从而为我国与其他国家的往来提供良好的信任基础，拉近国家间距离，减少与其他国家的摩擦。

综上所述，新时代既是我国对外开放发展的挑战期，也是机遇期，我们要以积极主动的态度迎接挑战，抓住机遇，实施双向型和自由化的对外开放战略，推动经济和政府体制改革，推进人民币国际化，重视区域经济合作，同时积极参与全球经济治理，从而在新时代实现我国对外开放的扩大升级。